大人のひきこもり

池上正樹

講談社現代新書

2286

目次

第一章　ひきこもりにまつわる誤解と偏見を解く

1　データが物語る「高齢化」

体裁は整っているように見えるのに、何か大事なものが欠けている。真ん中にあると思っていた核心部分が、なぜか空洞なのだ。

ひきこもり問題に限らず、様々な社会的課題に関わっていると、茫洋とした見えない幻影のようなものを一生懸命追いかけ続けているような気持ち悪さを感じることが、たびたびある。

フランスの思想家ロラン・バルトによれば、西欧では、いっさいの中心は〝真理の場〟であり、精神性（教会）、権力性（官庁）、金銭性（銀行）、商業性（デパート）、言語性（カフェと遊歩道をもつ広場）が集合し、凝縮している。つまり、中心へ行くことは〝社会の真理〟に出会うことであり、それは〝現実〟の〝見事な充実に参加する〟ことだという。

そんなバルトは日本という国の印象について、著書『表徴の帝国』の中でこう記述している。

〈わたしの語ろうとしている都市（東京）は、次のような貴重な逆説、《いかにもこの都市は中心をもっている。だが、その中心は空虚である》という逆説を示してくれる。〈中略〉その中心そのものは、なんらかの力を放射するためにそこにあるのではなく、都市のいっさいの動きに空虚な中心点を与えて、動きの循環に永久の迂回を強制するために、そこにあるのである〉

その中心部を巡る道には、出口がない。不透明な環の周りで、一切の動きを無へと変える不思議な力を行使されながら、僕らもまた、ただクルクルと空想の世界を迂回し続けているだけなのかもしれない。

「ひきこもり」と「ニート」は違う

「ひきこもり」という言葉の響きには、さまざまなイメージがまとわりついている。いまだに「裕福な家庭だから」とか「怠けている」「親が甘やかしている」などといった誤解や偏見が根強く残る一方、「働きたくないから」と仕事をしないで友人と遊び歩いている人や、治療が必要な非ひきこもりタイプの人格障害が疑われる人まで含めてしまう見方もある。

しかし、これまで一七年間に数百人規模の「ひきこもり」当事者と接してきた筆者の印象は、周りの人たちがイメージしているそれとは違う。

現実には、本来、生活保護の受給対象となってもいいような貧困世帯にも、ひきこもる人はいる。そんな生活に困窮する状態にあっても、彼らの多くは周囲の偏見や先入観、バッシングなどによって、生活保護や障害者福祉、高齢者福祉の対象からは外れ、あるいは「当てはまらない」と言われて、セーフティネットの狭間で置き去りにされてきた。

そして「ひきこもり」という状態に陥る多様な背景の本質をあえて一つ言い表すとすれば、「沈黙の言語」ということが言えるかもしれない。つまり、ひきこもる人が自らの真情を心に留めて言語化しないことによって、当事者の存在そのものが地域の中に埋もれていくのである。

ひきこもる当事者たちの多くは、本当は仕事をしたいと思っている。社会とつながりたい、自立したいとも思っている。しかし、長い沈黙の期間、空白の履歴を経て、どうすれば仕事に就けるのか、どうすれば社会に出られるのか、どのように自立すればいいのかがわからず誰にも相談できないまま、一人思い悩む。

中には、何とか現状を打破しなければいけないと思っているのに、仕事などに行こうとすると、身体が動かなくなったり、おかしくなったり、痛くなったりするなど、傍目《はため》からはわからない問題を内に抱えていて、社会に出ることができない人たちも少なくない。

「働いたら負けだよね」などと言って、働けるのに働こうとしない、いわゆる「ニート」

という部類の人たちと、こうして働きたくても働けずに苦しんでいる「ひきこもり」の人たちとを、混同している人もいるが、本質的に「ニート」層と「ひきこもり」層は、まったく意味合いの違う人たちである。

情報がないからキッカケもないし何も変わらない

表面から見える「ひきこもり」とは、他人とのつながりがなく、社会から孤立している状態をさす。しかし、よく誤解されているのだが、本人の内面は「これ以上、自分が傷つけられたくない」し、他人を「傷つけたくもない」、つまり「他人に迷惑をかけたくない」という心性がほぼ共通している。他人や社会に迷惑をかけてはいけないからと強く思うがゆえに、あとで詳述するように、仕事に就くことを諦めたり、生活保護を申請しようとしなかったりする。中には、「自分が職に就いたら、それによって職を奪われてしまう人が出るのではないか」と心配し、自重してしまう人までいるほどだ。

そして、ひきこもりの中核にいる人たちは、一般の人が気づかないようなことでも全身で感じ取れるくらい、感性が研ぎ澄まされている。だから、他人を気遣うあまり、人一倍疲れやすい。

そうした周りの空気を読め過ぎてしまうくらい心やさしい感性の持ち主だからこそ、ひきこもってしまうのだ。逆に言うと、他人を傷つけたり迷惑をかけたりすることも厭わないくらいモノを言える無神経なタイプであれば、ひきこもりにはならないし、なれないともいえる。

生命の危機を感じ、自分を防御する手段として、ひきこもらざるを得なくなる。たとえば生活保護などの社会のセーフティネットの世話を受けてまで生きることに意義や意味を見出せなくなり、あきらめの境地に至ってしまった人たちだからこそ、社会に出ようとする意欲も失われてしまうのだ。

そんな本人だけでなく、同居する家族もまた「家の恥」だという意識から、友人にも会社の同僚にも誰にも相談できないまま、次第に人脈を失い情報も途絶えていく。すると、地域の中で家族ごと、ひきこもりのような状態になって埋もれていき、家族内で行き詰まって、ときには心中や餓死といった悲劇が起きることさえ珍しくない。

典型的な事例を紹介しよう。都内に住む三〇代男性のAさんは、電車に乗ると、腹や頭などが痛くなって、家に引き返してしまう。長時間、電車に乗ることができなくて、目的地に着くことができない。

「自分はもう社会には出られないのではないか」

真面目な性格のAさんは、それでも頑張らなければと思ってこれまでさんざん無理を重ねてきたが、ことここに至って病院で診てもらい、薬を処方してもらった。自らを休ませようとする、何らかの自己防衛反応だったのだろう。

それまでは本人なりに頑張って外に出ていたものの、外出できなくなると、やがて人間関係も薄れていき、ついにはほとんど家で寝てばかりの毎日になった。

これからどうすればいいのか。何とかしたいと思っても、自分の身体に起きた出来事をうまく説明して理解してもらう自信がない。そもそも社会に適応できない自分の状態を他人にさらけ出すこと自体、恥ずべきことでカッコ悪いと思っていた。

両親は「時間がかかるのは仕方ない」と思いつつも、長い時間ひきこもっていると、二次的に別の病気を発症するのではないかと心配していた。しかし、家の中の問題を口外してはいけないと思い、どこにも相談ができなかった。情報が入らなければ、キッカケをつかむことができないから、何も始まらないし、何も変わらない。Aさん一家は何かきっかけをつくりたいと思っていても、声を上げられないまま、地域の中でずっと息を潜めて生活してきた——。

これはAさんたちだけが抱える問題ではない。同じような家庭は、全国にごまんとある。

新たなひきこもり層が明らかに

この国の行く末を暗示するような実態調査のデータが近年、注目を集めている。

まず、地域の民生委員が把握している「ひきこもり」該当者のうち、半数近くの約四五%は四〇歳以上の中高年だった——そんな衝撃的な実態を浮き彫りにするデータが二〇一三年九月二四日、山形県の公表した「困難を有する若者に関するアンケート調査報告書」によって明らかになった。調査を行ったのは、県の若者支援・男女共同参画課。

「これまで厚生労働省や内閣府の推計はあっても、実際、どこに誰がいるのか、まったくわからない状況でした。山形県にはどれくらいのひきこもりの人がいるのかを把握したうえで、支援を進めていかなければいけない」（担当者）

こうして山形県は初めて、県内でひきこもる人たちの実態を探ることになった。

担当者が続ける。

「若者支援の部署なので、当初はひきこもりに焦点を絞ったわけではなかったんです。ただ、（支援の仕組みを）設計していく段階で、県として調査するのであれば年齢にかかわらず、民生委員さんが把握されている情報を共有しましょうということになりました」

現場の実情を知る民生委員に協力を求めたことから、四〇歳以上のひきこもる人たちの数も、現実に無視できなくなったのだろう。若者支援の部署の担当者が机上で考えるだけでなく、日頃から当事者に向き合う福祉関係者や保健師などの現場目線を生かした取り組みの重要さは、すでに秋田県藤里町などの事例（第三章で紹介）が物語っている。

山形県は二〇一三年四月から五月にかけて、県内すべての民生・児童委員等二四二六人に対し、同県民生委員児童委員協議会を通じてアンケートを配付、回収する方法で調査を実施した。調査対象としたのは、〈おおむね15歳から40歳まで〉だけでなく、〈おおむね40歳以上〉も加え、〈仕事や学校に行かず、かつ家族以外の人との交流をほとんどせずに、6ヶ月以上続けて自宅にひきこもっている状態の方〉〈仕事や学校に行かず、かつ家族以外の人との交流はないが、時々は買い物などで外出することもある方〉とした。その他、民生委員目線で見て〈心配な方〉や〈家族の方から支援などについて相談があったことのある方〉も付け加えられた（重度の障害や統合失調症などの疾病で外出できない人については、わかりやすいように対象から除外した）。

調査結果によると、受け持ちの地域内に〈困難を有する若者等〉が「いる」と答えた民生・児童委員は、県全体で四三％の九三七人。該当者の総数は一六〇七人だった。出現率は〇・一四％。町村部のほうが市部に比べてやや高い。このデータが実態を反映しているものなのか、町村部の民生委員のほうがより詳しく各家庭内を把握できているからなのか。いずれにしても、市部より町村部のほうが「ひきこもる率」が高いのは、全国的な傾向とも一致する。同じように該当者の性別についても、男性が六四%、女性が二〇%、無回答一六%で、男性が女性の三倍以上を占めた。

そして、山形県の調査で最も注目したいのは、該当者の年代だ。四〇代の三八九人、五〇代の二三三人、六〇代以上の九五人を合わせると計七一七人。実に該当者の半数近くの約四五%が四〇代以上の中高年だった（ちなみに、一五歳から三九歳の該当者は八五五人で、全体の約五三%。無回答が三五人で約二%だった）。

さらに、〈ひきこもっている期間〉が三年以上に及ぶ対象者は計一〇六七人で、全体の三分の二の約六七%。そのうち五年以上は八一七人で約五一%と半数を超えた。一〇年以上も五二六人と約三三%に上るなど、〈長期化が懸念される状況にある〉と指摘している。

〈困難を有するに至った経緯〉（複数回答可）についても聞いたところ、「わからない」がもっとも多い五七三件だった。

次に「失業した」が四〇八件で続き、「就職できなかった」と合わせると五四三件で約三四%。長引く不況によって就労環境が原因で社会から離脱し、再び戻れなくなって地域に埋もれていく「新たなひきこもり層」の一端が浮き彫りになった。

支援するほうも「どうすればいいか、わからない」

一方、民生委員らに〈その方への支援の状況〉（複数回答可）を聞いたところ、圧倒的に多かったのは、「わからない」の九〇七件。現場で長期にわたってひきこもる人たちの存在に直面し、どう支援していいのかわからず、困惑している状況が浮かび上がる。

調査票には自由記述欄も設けられていて、その主な回答状況も報告書に記載されている。〈個別ケースごとに支援内容も異なり相談窓口も変わってくると、どこの窓口に支援を求めればよいのか戸惑うことが多々ある〉〈ひきこもり該当者が自ら進んで働けるような環境づくり、就業に向けた支援を行う支援団体をもっと育成するべき〉

こういった支援策に関する提言が出された一方で、現場ならではのリアルな意見も出されて興味深い。

〈民生委員は、障がいのない大人は対象外となっており実態がわからない。まして、こういう問題は家の恥として表に出てこないので行政側からのPRが必要〉〈該当者やその予備軍は学校や職場で何らかのシグナルを発しているはずで、それをキャッチするにはある程度知識をもったボランティアのような人の力が必要〉

実際、隣の秋田県では、家庭内で殺傷事件が起きてから、初めてその家に長年ひきこもる高年齢者がいたことを知ったと明かす民生委員もいた。それほど、外部から把握するのは難しい。

山形県の担当者は、「前向きに捉えてくださった方が多かったと感じている。ただ、〝甘えだ〟などという厳しい意見もあった」と説明する。それだけ民生委員によっても、ひきこもる人に対する意識の違いは相当大きい。

今回のデータにしても、「実際は当事者を把握しきれていない」と県は認める。

自由記述欄には、こんな本音ものぞく。

〈これまで該当する方がなく考えてこなかった分野。アンケートが配布されたことで、より民生委員の役割も範囲を広げねばと考え直す機会になった〉

現場への啓蒙という意味では、この調査は一つのきっかけにはなったことだろう。この事業は、二〇一三年度から四ヵ年計画。地域で、福祉、雇用、教育、子育てといったネットワークを作っていきたいという。

ますます長期化していくひきこもりに対する支援策を進めるにあたって、当事者や家族会からの思いや意向を反映させられないのか、担当者に聞いてみた。

「今後は、学識経験者の意見をいただきながら進めていきたい。当事者のヒヤリングは今の段階では予定しておりませんが、これから各地域の検討会議を持ちますので、そういったご意見などがあれば、課題の一つになっていくと思う」

残念なことに、山形県の担当者の頭にあるのは、あくまで「学識経験者」や行政委員などの意見といった従来の考え方だった。意見を聞くのなら、これからは当事者の経験や知恵から学んでいかなければ、せっかくのいい調査や民生委員たちの指摘も十分に生かすことができなくなるということを、担当者は認識する必要がある。

「四〇歳以上」が半数

また、島根県が二〇一四年三月に公表した「ひきこもり等に関する実態調査報告書」によると、地域の中でひきこもっている人の年齢は、四〇歳代が最も多いことがわかった。しかも、ひきこもっている人のうち、四〇歳以上の中高年層の比率はなんと半数を超えて五三％にも上り、本人とその親の年代は、ますます高齢化が進んでいるという現実が明らかになったのだ。

実態調査を行ったのは、島根県の健康福祉総務課。調査は二〇一三年一一月、県内の担当地区を持つ民生委員と児童委員にアンケートをとる方法で行われ、一六三二人から回答を得た。回収率は、八一・二％だった。

「昨年、山形県が行った調査結果を見たら、ひきこもる人の中高年の割合が、半数近くを占めていることを知りました。四〇代、五〇代の方は、ひきこもり状態にあっても放置されていることが多く、生活保護予備軍にもなる。山形県と同じような形で年齢の上限を設けずに調査して、実態を探る必要がありました」

県の担当者は、そう狙いを語る。

支援機関などを通じて探る調査に頼ると、どうしても支援機関に通えない当事者がいたり、支援の対象からはじかれてしまったりして、より深刻な中核の当事者層がこぼれ落ちてしまい、把握できる実態も偏りがちだ。その点、無作為抽出で選んだ家庭に直接、調査を行ったわけではないものの、地域がよく見えている民生委員らにアンケートを行うことによって、より実勢に近い数を拾うことはできる。

そういう実勢に近いデータという意味で、すでに関係各所から様々な反響があるという。島根県は調査に当たり、次のいずれかの該当者を「ひきこもりの状態の方等」と定義している。

◉ 仕事や学校に行かず、かつ家族以外の人との交流をほとんどせずに、6ヶ月以上続けて自宅にひきこもっている状態の方

◉ 仕事や学校に行かず、かつ家族以外の人との交流はないが、時々買い物などで外出す

ることがある方

◉ 無業者や非行など、民生委員・児童委員の皆様からみて心配な方、また、家族等から支援などについて相談があった方

いずれも、おおむね一五歳から、年齢の上限はない（ただし、〈重度の障がい、疾病、高齢等で外出を希望してもできない方を除く〉としている）。

調査により把握できた該当者の実数は一〇四〇人。島根県の七〇万人弱の人口に対する割合は〇・一五％で、それほど高くない。ただし、家族はひきこもる本人を隠したがる傾向があるため、実際はもっと多い可能性がある。地域をこまめに回っている民生委員でさえ、他の事情で家庭に立ち入らない限り、外側から該当者を把握するには困難がつきまとうのである。

さきほど紹介したように、年代別では四〇歳代が最多で二二九人だった。次に多かった年代は三〇歳代の二一九人。五〇歳代が一七七人と続き、六〇歳代以上も一一五人に上った。四〇歳以上の該当者は約五三％と、ついに半数を超え、約四五％だった山形県よりも上回った。元々、人口構成上の高齢化率が高いという島根県ならではの特徴なのかもしれないが、地域で公平なひきこもり支援を行っていく上では、もはや無視できないデータだ。

七割が男性、一〇年以上が三割

また、男性の割合が七一％で、女性の二四％に比べて三倍近くに上った。男性のほうが外からのプレッシャーで顕在化しやすいのは、全国的な傾向でもある。

家族構成については、ほとんどが家族と同居。複数回答で聞いたところ、「母」「父」「兄弟姉妹」「祖母」「祖父」の順に多かった。一方で、孤立が懸念される「ひとり暮らし」も約一五％いた。

ひきこもっている期間については、「一〇年以上」が最も多い三四％を占め、ここでも長期化の傾向がくっきりと浮かんだ。

それでも、担当者は「一〇年以上でざっくり区切ってしまったため、二〇年以上、あるいは三〇年以上ひきこもり続けている人がどのくらいいるのかがわからなかった」と言う。

困難を有するに至った経緯について、複数回答で聞いたところ、「わからない」が三一二件と最も多く、全体の二四％を占めた。経緯がわかると答えた内容については「本人の疾病・性格など」（二九二件）、「就職したが失業した」（二一〇件）、「不登校」（一九〇件）、「家族や家庭環境」（一三六件）と続いた。困難に至った経緯を年代別でみると、一〇歳代、二〇歳代では、「不登校」が多かった。また、三〇歳代、四〇歳代では「失業」が増えた。

一方、四〇歳代以降になると、経緯が「わからない」と答える割合がそれぞれ三割を占めるようになり、言葉を封じ込めたまま時が経つにつれて、直接の原因や因果関係がわかりにくくなっていく傾向も示されている。

さらに、支援の状況については、「何の支援も受けていない」が複数回答で四五六件と、断トツで多かった。当事者の多くは、置き去りにされるなどして、「支援につながっていない」状況が浮き彫りになっている。

必要な支援策についても、複数回答で聞いたところ、「支援・相談窓口の周知・PR」が九〇九件と最も多く、情報の重要性を訴える。そして「専門的な医療支援・カウンセリング等の充実」が八九四件、「総合相談窓口の充実」が六二八件と続いた。

調査を通じて、民生委員らからは、「今は親が一緒だから安心だが、親がいなくなれば心配」「家族はひきこもりのことを隠したがっている」「どこに相談に行けば、適切な支援が受けられるのか知りたい」といった、「この先、どうなるのかわからない」将来への不安を感じる声が数多く寄せられたという。

ただ、家族が本人の存在を隠したがるだけでなく、当事者も家族も、「自分は問題になっていない」「ひきこもっているわけではない」と思い込んで、相談しようとさえしていないケースが、水面下に数多く埋もれている。

「今回の結果を受けて、四〇歳代以上の中高年層ひきこもり者をこのまま置きざりにしていいのかという問題を突きつけられた。内閣府が進めている若年者主体の施策も行いつつ、中高年層に対しても、置かれている状況などを見ながら、外からのアウトリーチ（家庭訪問）などによって社会参加につなげられるよう、何らかの手立てが必要です。子も親も高齢化している状況から、本人だけでなく、両親への支援も必要だと思います」

県の担当者は、「これから向かう日本の姿だろう」として、そう課題を挙げる。

今回、調査結果が公表されると、「自分もひきこもり経験があった」「自分にできることがあれば協力したい」といった電話も、担当者のもとに寄せられた。

「長期にひきこもる当事者にとって、同じような当事者の体験を聞くことは有効です。そうした追い風を受けながら、私たちも前に進んでいかないといけない」

認知されていない厚労省の支援事業

ひきこもりが高齢化しているのは、何も山村の過疎地に限った話ではない。都市部の住宅地が広がる自治体でも、孤立して高齢化していくひきこもりの実態が、データから明らかになっている。

東京都町田市保健所（保健対策課）が、二〇一二年度から同市新五ヵ年計画の重点事業として「ひきこもり者支援体制推進事業」に取り組み、二〇一三年三月に「若年者の自立に関する調査報告書」を取りまとめた。その調査によると、二〇歳から六四歳までの市民のうち、自分または家族がひきこもり状態にあると答えた人は五・五％に上り、二〇世帯に一世帯以上の家庭で身近に存在していることがわかったのだ。

高齢化するひきこもりの人たちや家族の対応に追われてきた地域の保健所が、現場目線から危機感を抱き、こうして実勢に即した形で独自のひきこもり実態調査を行うのは、日本でも初の試みといえる。しかも、若年者の自立に向けた対策でありながら、調査対象年齢を四〇歳以上にも広げ、部署を超えて地域でネットワークを組む「町田市保健所方式」の取り組みも、先駆的なモデルケースとして注目されている。

調査対象者は、市内在住の二〇歳から六四歳の市民の中から無作為抽出した二〇〇〇人。二〇一二年九月、調査票を郵送し、回収する方法で八二〇件の回答を得た。

保健対策課によると、地域単位で支える仕組みがないといけないことから、市民がひきこもりの人たちの問題をどのように認識しているのか、いろいろな生き方が容認されている土壌があるのかどうかなどを調査で探る目的があったという。

調査ではまず、「回答者の周辺におけるひきこもりの方の有無」について聞いたところ、「回答者自身または家族がひきこもりの状態である」は五・五％。「近所の人、親戚・知人の中にひきこもりの状態の人がいる」と答えた人は二三・七％で、いずれにも当てはまるという二・三％を含めると、三一・五％に上ることがわかった。

また、「回答者自身または家族がひきこもりの状態」という当事者の年齢を見ると、二〇歳代が三七・八％、三〇歳代が三一・一％と多かったものの、四〇歳代が一七・八％、五〇歳代以上も一三・三％と、四〇歳代以上が三割超を占め、高年齢化の傾向がくっきりと浮かび上がったのだ。そうした当事者のうち、「人づきあいが苦手である」と感じている人は六二・二％。「悩みや困りごとを相談できる家族や知人がいない」人は二六・七％もいた。そして、三五・五％が「自宅、自室以外に安心できる居場所がない」と感じていた。

一方、すべての対象者に、「ひきこもり」に関する社会資源（支援機関）を知っているかどうかについて聞いたところ、「民生委員・児童委員」（六一・〇％）、「町田市保健所」（五三・九％）、「ハローワークの若年者支援」（五三・三％）などは半数を超えていた。

しかし、厚労省の支援事業である「地域若者サポートステーション」（六・四％）をはじめ、「東京都ひきこもりサポートネット」（九・一％）、「不登校やひきこもりの子ども・若者を支援するＮＰＯ等の民間団体・民間のカウンセラー」（一七・七％）などについては、ほとんど認知されていない実態も明らかになった。

暴力や変化を恐れる親たち

「『ひきこもり』の背景、『ひきこもり』に対する考え、社会的支援等」については、それぞれの項目で、そう思うかどうかを質問している。その中で最も多かったのは、「身近な場で相談しやすい窓口が必要だと思う」で九一・〇％。「『ひきこもり』の人や家族が孤立しないような地域社会のつながりが必要であると思う」が八三・六％で続き、地域でのバックアップ体制の重要性が示された。

さらに、同年一〇月、市内の民生委員、主任児童委員二四四人に対して、調査票を配付、郵送により回収する方法で調査を行っている。目を引くのは、「相談や情報提供は受けていないが、担当地区に『ひきこもり』の傾向にあると思われる方がいる」と回答した人が四割を超えたことだ。実際、「『ひきこもり』又は、『ひきこもり』の傾向にある方に関する、相談・情報提供を受けたことがある」人も二六・三％いた。

ただ、「相談を受ける上で、困ったこと、課題と感じたこと」を自由回答で聞いたところ、「対応方法が分からない」「こちらからの働きかけを拒否、無視される」など、みんなでこれから考えていかなければいけない当事者や家族との付き合い方の課題も垣間見えた。

保健対策課では、思春期に対応できる医療機関が身近にあるのかどうかの社会資源調査も行っている。たとえば保健師が三六ヵ所の医療機関を回って、院長やスタッフに会い、どういう方々の相談対応が可能か、地域の現状把握から始めた。今後は、関係機関と一緒にネットワークをつくって対応していきたいという。

興味深いのは、保健所がひきこもり支援に取り組み始めたきっかけだ。同課課長（当時）の向山晴子医師は、こう説明した。

「保健所ではもともと、三〇代、四〇代、五〇代の（当事者の子を抱える）方のご相談が多い。みんな、親亡き後を心配しています。高齢者の支援センターが、ご高齢の方の家庭を訪問すると、実はいちばん奥の部屋に、ひきこもっている方がいらっしゃるようだという話が出てきたりするのです」

親側は、暴力や変化などを恐れ、あまり刺激を与えてほしくないという意向が強い。そのため、本人たちはネットを通した外とのつながりはあっても、ひきこもり状態が長期化していく傾向がある。

「もう少し早い段階で支援体制が組めると、二〇年、三〇年とひきこもらなくても済むのではないかという思いもあります。いろいろな分野の相談支援機関と情報交換しながら、相談が上がってきたときに、一つのところだけで抱え込まないで、お互いに情報を共有し合って体制を組み立てることができればと思って走り出したような状況です」（当時の同課係長・河西あかね保健師）

とはいえ、一般の就労はハードルが高く、たとえ就労できたとしても長続きしなくて、再びつまずいてしまう人たちも少なくない。そこで保健対策課が、この調査報告書を持って産業関係のセクションに出向いて、商工会議所などにつないでもらうようなネットワークづくりを模索している。

これまでの「うちは若年者支援だから」といった役所の縦割りの弊害を越えた取り組みだ。もちろん、お手本もないという。

高年齢化していくひきこもりの人たちや、それを支える家族のために、行政として、地域でどんな支援ができるのか。同市保健所では現在、保健師が市内のひきこもり当事者たちからヒヤリングを進めていて、これから当事者たちの求める支援メニューを施策に取り入れようとしている。

従来の保健所のイメージとは違う、五ヵ年計画の「町田市保健所方式」の前例のない取り組みに期待が寄せられている。

2　ひきこもりの「潜在化」

「自分の将来を見るようで怖い」

二〇一一年二月三日、筆者はNHKの『クローズアップ現代』に生出演した。テーマは「働くのがこわい　新たな〝ひきこもり〟」。前年末、筆者が出演したNHK福岡放送局の九州・沖縄限定番組『九州沖縄インサイド』が好評だったため、急遽、VTRを編集し直し、全国版で放送されることになったのだ。

キャスターの国谷《くにや》裕子《ひろこ》さんは、放送直前にあれこれと素朴な疑問を投げかけてきて、関心の高いポイントを取捨選択しながら「ここはどう？」と提案してくる。直前に打ち合わせしただけで、台本が手元にないまま、ぶっつけ本番で臨んだ。こうした手法が、臨場感溢れる『クローズアップ現代』の魅力なのだろう。

番組には、大きな反響が寄せられた。視聴率は約一三％で、裏番組の『VS嵐』（フジテレビ系）よりも高かったという。「働くのがこわい　新たな〝ひきこもり〟」というテーマは、「嵐」よりも国民的関心が高いことがわかった。放送後、局には「どこにSOSの声を上げればいいのか？」といった問い合わせが数多く寄せられたという。また、放送前から、予告編などを見た人が番組について、ネット上で話題にしていたそうだ。

今回の番組内容に関する「ツイッター」を拾い集めてもらったところ、膨大な量の「ツイート」が送られてきていて驚いた。一つの番組では異例の数だったという。

興味深いツイートもいくつか目についた。多かったのは、〈もし今クビを切られたら、おれもたぶん〉〈自分の将来を見るようで怖い〉といった反応だ。希望の見えない時代の中で、かつて遠い世界の話だと思われていた「ひきこもり」が、実は自分の身にも起こるかもしれない、他人事ではない状況であると捉えられるようになった証左でもある。

内閣府が二〇一〇年に行った実態調査による「ひきこもり」七〇万人、潜在群一五五万人に上るというデータを番組で見て、〈こんなにいるのか！〉〈政令指定都市の人口より多いのか！〉と驚く人も多く、まだ現実が十分に理解されていないこともわかった。

〈20歳を超えてひきこもりになった人が60％を超える。調査でわかったらしいけど、むしろ何で今まで知らなかったんだろう〉

そんな疑問もあった。

ただし、この内閣府のデータには不備があった。先に紹介した山形県や島根県、東京都町田市の調査とは異なり、三九歳までの調査結果しかない。実際にはひきこもりの多くを占めている四〇歳以上の実数については、水面下に埋もれたままなのだ。

ここでもう一度整理しておくと、二〇一三年の山形県や二〇一四年の島根県の「ひきこもり実態調査」によれば、四〇歳以上のひきこもり者の人数は全体の四五〜五三％。東京都町田市の実態調査でも、四〇歳以上は三〇％を超えている。

いっぽう、内閣府が二〇一〇年に行った三〇歳代までのひきこもり＋潜在群の数は約二五万人だから、四〇歳以上の潜在群を含めた人数は、少なく見積もって町田市の比率（七：三）を当てはめたとしても、全国で約一〇〇万人に上ると推計することができる。

よく〝支援〟の根拠として持ち出される内閣府のひきこもり者数は、すでに現実にそぐわない、矮小化されたデータのままになっていることがわかる。

他人に頼るべきではないという風潮

〈「ひきこもり」の人たちが社会復帰を望んでも、ひきこもっていた期間により生まれる履歴書の空白や社会経験の不足が、自立への道を阻む〉

当時の民主党政権は、新卒扱いを三年間猶予するよう大企業に呼びかけた。しかし、就職には新卒も既卒もなく、過去の履歴にかかわらず何歳になっても採用されるチャンスが与えられるよう、システムそのものを抜本から変えなければ、ひきこもりの人の社会復帰を妨げる障壁を取り除くことはできない。

〈私も気持ちがわかるので、この人（筆者注・VTRに出演したひきこもり当事者のBさん）が取材に応じたのはものすごく大きな一歩だと思う。何でも少しずつ、少しずつ、でいいと思うんだー〉

出演に応じたBさんをこう気遣う、ほのぼのとした反応もいくつかあった。Bさんも何とかきっかけをつかみたいと思っていたからこそ、思いきって取材に応じたのだろう。番組では、スタッフの呼びかけで両親とともに初めて畑に出かけ、農作業を手伝うシーンが出てくる。作業の後、感想を聞かれたBさんが「複雑な作業になると、脳が鈍っているのか、頭がゴチャゴチャになってきますね」と答えていたのが印象的だった。

確かに、一度にいろいろなことが押し寄せて、頭が対応しきれなかった面もあるのかもしれない。しかし、久々の作業で身体を動かして、脳が喜んでいたのではないかとも感じられた。

〈他人に頼るべきではないという風潮が、この結果を招いている〉といったツイートも紹介されていた。第二章でも詳しく触れるが、自己責任論が声高に叫ばれる昨今、他者に迷惑をかけてはいけないという規範性の中で、気のやさしい人たちがいつのまにか社会の隅に追いやられている。それゆえに、〈世間こそが鬼です〉というツイートには胸が痛くなる。〈家にいるのは結果でしかない。ある程度は他者の手が必要。根性論を捨てれば多くの人を「救済」できる〉というツイートも見られた。このような価値観が、これからの社会には求められているのである。

こうした真面目な反応が多かった一方で、残念ながら、いまだに「甘えている」「親が悪い」といった誤解や偏見に基づく内容も少なくなかった。とくに、ある著名人のこんなつぶやきが、後日、ネット上に広がっていた。

〈今はまだ親世代が比較的中流だから、ひきこもりが維持できてるのかと思う〉

本書の冒頭で述べたとおり、「中流」云々と「ひきこもり」は直接、因果関係がない。しかし、こうした風潮がまだ根強いから、本当は「手を差し伸べてほしい」と思っている多くの本人や家族が、後ろめたさや罪悪感の中で自主規制してしまい、なかなかSOSの声をあげられずにいるのではないだろうか。

ずっと孤独だった

一方で、一旦社会を離脱するとなかなかリスタートラインに立てない壁が、今の日本には厳然と立ちはだかっている。四〇代男性のCさんは、四年ほど前、契約社員として勤めていた都心の印刷会社を突然辞めた。以来、都内の昔ながらのにぎやかな住宅街で、両親とともに住んでいて、現在も仕事をしていない。

もともと、同社に勤務する従業員の紹介で入った会社だった。しかし、その紹介者は少し前に辞めていった。時々、一緒にお茶を飲んだりしたという女子社員も退職した。

主に教材の印刷を任されていた。製本から配送手配まで、忙しいときには休日もなく、一日、ほとんどフルに働いた。実家に間借りする身として、給料の中から親には毎月、食費を支払っていた。

職場内は人間関係も悪くなく、居心地のいい会社だったという。でも、自分のやりたいこととはまったく違っていた。「このままでいいのかな」と、心のどこかでいつも少し疑問を抱きながら働いていた。正社員になれるチャンスは、いくらでもあった。ただ、自ら「この会社の社員として勤めていきたい」という目標がなかったことと、若い社員が多くいる職場で「いまさら……」という気持ちもあった。

会社を辞めようと思ったきっかけも、「何となく、会社に使われている虚しさとか疲れも少しあった。時間が欲しかった」と、Cさんは振り返る。

「ずっと孤独でした。たとえれば、カゴの中で、黙々と仕事してきて、乾いた感じというのかな。モヤモヤ感がありました。苦痛というほどではないけど、歯車になりかかっている自分がすごくイヤだったんですね」

Cさんが口頭で辞職の意思を伝えると、上司は当然のごとく驚いたという。慰留もされた。その上司はCさんより二歳ほど年下だった。すでに結婚し、子どもが二人いて、しっかり家庭を持っている。

「それで、実家で両親と暮らす自分自身と、つい比べちゃったりするんですよ。そんな引っかかりも、多少あったのかもしれません」

この間、製本の糊、トナーなどをずっと吸い続けてきて、肺などの健康に悪い影響を与えるのではないかという漠然とした不安もあった。

「ここらへんで、ちょっとリセットしたいと。賭けだったんです。無謀でしたけど」

とにかく、時間ができたら一人で旅に出て、自分をもう一度見つめ直そうと思っていた。

Cさんは子どもの頃から鉄道や絵を描くことが好きで、一人旅にはよく出かけたという。


退職後、失業手当をもらうためにハローワークには通い続けた。しかし、再就職する気にはなれなかった。

「その頃は、まだ自分で何かしようとは思っていた。でも、一生懸命仕事を探す気には、どうしてもなれなくて……。シラケちゃったというのかな」

なぜ、一生懸命、仕事を探す気になれなかったのか。

「就職活動自体がイヤだったんです。自分の頭の中では、会社に勤めるイメージがあまり浮かばなかった。気力もなかったんです。自分がこれまでやってきた仕事は、そんなに専門職ではない。面接を三〇回も四〇回も受けて、落ち続けるような気力が残っていなかったんです」

Cさんの父親は自営業で、アパートも経営している。「それほど裕福ではない」と言うものの、今のところ生活費の心配はない。気力がなくても、実家にいれば何もしなくても生きていける。将来への危機感はないのか。

「危機感は多少あります。もし高齢の父親に万一のことがあれば、イヤでも働かなければいけないでしょうね」

働くことから逃げ出したくなることは誰でもある。筆者も、たとえば徹夜で原稿を書いているとき、何度、逃げ出したくなったことか。ただ、仕事を終えた明け方、一人缶ビールを開け、自分で自分に「ご苦労さん」とご褒美を与えたときに味わうビールが美味しくて、達成感があるから、つらい仕事を続けているだけなのかもしれない。

そんな話をすると、Cさんは、こう明かした。

「僕は、根本的な何かが癒されていないような気がするんです。育て方とか、そういうことではなく、子どもの頃から傷ついた何かがうごめいて、うまく仕事に結びついていかない。喜びとか達成感が、多少得られていた時期もあった。しかし、リスタートラインに辿り着く気力が、まずないんです」

どこに助けを求めればいいかわからない

Cさんが買った求人誌には、〈求められる仲間との協調性〉というタイトルで、こう記されていた。

〈「わが社に合いそうもない」「やる気が見えない」という理由で、採用に至らないケースが見受けられます。会社は、他人が集まり協力し合って活動していくもの。採用担当者も、仲間意識を持てる人、探しています〉

一見、ありふれた求人のキャッチコピーだ。しかし、リスタートラインに立とうにも、Cさんの前には、「協調性」という文言の壁が大きく立ちふさがる。

「四〇歳を過ぎると、ますます就活はできなくなる」と、Cさんは実感するという。

「お金と気力があった頃、好きなことをしてお金持ちになるといった講演会とかセミナーにも行っていたのですが、ぴんと来ないんですよ。ワクワクすることをして輝いていれば、仕事のほうからやってくる。一生懸命仕事を探すのは、逆効果だというような内容の本も読みました。でも、実際の自分には結びつかなかったんです」

Cさんは「世の中の不景気は関係ない」と強調する。しかし、社会全体に余裕がなくなってきているのも事実だ。世の中はより安価で良質なものを求め、市場競争は激しくなってきている。

「そんな厳しい環境でもやっていける人と、そうでない人がいる。僕は、勝ち負けから下りたほうがいいと思った。自分の力だけで仕事を探すことから離れたほうがいいと思ったんです。そのために、人とのつながりが必要なんですが、どこに助けを求めればいいのかがよくわからない。お手本にしたい道が、見えてこないんです」

どんなに理想的な仕事を思い描いても、生活に結びつかなければ意味がない。前に道がなければ、自分自身で切り開いて、どう生活していくかを考える必要がある。

そんなヒントが欲しくて、Cさんは、厚労省キャリア形成支援室の事業である「地域若者サポートステーション」を訪ねた。しかし、「四〇歳以上は難しい」などと断られた。

「雇われない生き方とは何だろう。生活の糧を得る術《すべ》は絶対あるはず」と、コミュニティ共同体や地域通貨などのあり方をあれこれと考える。

「昔から、何でも仕事を取ってやろうみたいな、ガツガツしたところがないんですよね」

とはいえ、いま最もつらいのは、初対面の人から「何のお仕事されてるんですか？」と聞かれることだという。「無職です」と答えるのもカッコ悪いので「自営業の手伝いです」と、答えることにしている。

「三五歳を過ぎると、企業に勤める道は狭まります。しかも、仕事ができない状態は変わらないのに、三五を過ぎると〝あなたはニートではありません〟と言われ、受け入れてくれる場所がなくなるんです。できるなら、思春期の頃からやり直したいです」

行政が本来、対象にしなければいけないのは、こうした制度の谷間に埋もれた人たちなのだ。

会社を辞めれば追跡されることもない

大手メーカーに勤める技術職の三〇代男性Dさんは、ある日を境に会社の門をくぐれなくなった。会社の前まで来ると急に動悸が激しくなり、気持ちが悪くなる。Dさんは、どうしても会社の建物に入ることができず、家に引き返すようになったのだ。

Dさんは、都心部のマンションで一人暮らし。それまではとくに不登校の経験もなく、入社してから体に異常な兆候も見られなかったという。

ところが、会議の席で上司の課長に厳しく詰問されたことがあった。Dさんにとって、課長から与えられた研究課題は難し過ぎた。課長に相談しようとしても、課長は自分自身の仕事で忙しく、なかなか取り合ってもらえなかったという。

その頃から、Dさんはなかなか寝つけず、不眠症に悩み始めていた。

「いままで何も教えてくれなかったのに、みんながいる前で、そこまで言うのか」

課長に叱責されたとき、Dさんは、涙が止まらなかった。

会社に行けなくなったのは、このときからだ。

この会社では、二週間以上無断欠勤を続ける社員は、懲罰処分になる。不況でリストラが進められる時代でもあり、人事担当者も放っておくわけにはいかない。人事担当者は欠勤を続けるDさんや家族に連絡した。彼を会社の健康管理室に連れて行くためだ。

その後、実家の両親のすすめで、Dさんは医療機関の内科で症状を診てもらった。しかし、とくに病気や体の異常は見当たらなかったという。

カウンセラーが出勤できなくなった理由を聞くと、Dさんはこう答えた。

「あの上司の顔だけは見たくない」

結局、紹介されたメンタルクリニックで、Dさんは「適応障害」と診断された。ストレスなどの影響で社会環境に適応できず、心身に様々な症状の出る障害だ。皇太子妃・雅子さまが診断されたことで、広く知られるようになった症状である。

医師の治療によって、Dさんの不眠などの症状は改善された。しかし、その後も出勤しようとはしなかった。報告を受けた課長は「そんなに自分が嫌なら、他の職場に異動させよう」と提案した。しかし、Dさんは、その上司のいる「会社そのものに拒否感を持ってしまった」という。

「人前で辱められたことを我慢することなく、涙が止まらなくなる反応をしたのは、自然なことです」

そうカウンセラーは分析する。かつての会社員は個人を殺し、上司や会社の理不尽にも耐え、職場に適応していくことが当たり前だと信じてきた。しかし、Dさんは、上司と折り合いをつけることはしなかった。そうしているうちに、会社の休職期間は過ぎていく。休職する多くの人たちがそうであるように、そのままDさんも退職となり、その後も就職活動をすることがないまま、ひきこもり状態になった。

会社を辞めてしまえば、会社との縁は切れる。その後、彼らがどうなったのか、会社側から追跡されることもない。「大人のひきこもりが、数多く潜在化しているのではないか」といわれる所以だ。

行き過ぎた成果主義が社員のつながりを寸断

別のメーカーに勤める三〇代男性のEさんも、会社の玄関に入れなくなって、欠勤するようになった。以来、専業主婦の妻がいるのに、郊外にある自宅でひきこもり状態の生活を送っている。

Eさんは、東北地方の支店から本社に転勤してきた。しかし、異動してきたその部署は、みんながパソコンに向かい、音もなくシンと静まりかえっている。誰も雑談せず、それぞれ自分の仕事をしていた。Eさんにとって、それまでいた支店はアットホームで気軽に話のできる職場だった。しかし、転勤先の部署ではそのよそよそしさが耐えられなかったという。

「三年間、本社でがんばれば昇進できるから」と、上司からは言われた。しかし、朝、出社すると、そんな職場の雰囲気に体が震えるようになった。やがて、Eさんは会社の玄関に足を踏み入れることさえできなくなってしまったのだ。「なぜ?」と、誰もが首を傾げたくなるに違いない。しかし、「原因を調べていくと、ある雰囲気や場所に心身が反応していることは意外に多い」と、産業カウンセラーは分析する。

事故や事件に遭った場所を通ると、昔の体験が蘇るトラウマに似ている。ヘビに睨まれたカエルのように、Eさんも会社の建物が見えてくると、怯《おび》えて体がすくんでしまい、動けなくなった。それでもEさんはしばらく、出勤時間が来るとこれまでと同じように自宅を出ていった。妻が心配するからだ。彼女も、夫は会社に出勤しているものだとばかり思っていた。

この間、Ｅさんは公園や図書館などで時間をつぶしていた。そして、夕方を過ぎると何事もないように帰宅。気づいたときにはもう後戻りできないような状況に陥り、しばらくしてひきこもり状態になってしまった。

会社に行くと、上司や同僚たちとのコミュニケーションが心の支えになっていることもある。そうしたファミリーのような職場の人間関係が、これまでの日本企業を支えてきた。しかし終身雇用システムが崩壊し、年俸制が導入され、企業の合理化・リストラが進んだ。

「社内ではみんな、自分のノルマに追われ余裕がない。成果主義の流れがこれまでの個々のつながりを寸断し、同僚や部下を気遣うサポート体制も崩れてしまったんです」（産業カウンセラー）

〝追い出し部屋〟がきっかけ

名刺がない。内線番号表にも載っていない――そんな存在を消される〝追い出し部屋〟の問題が注目されるようになって久しい。退職後、長期失業をきっかけに家から出る理由がなくなり、社会とのつながりがなくなって、ひきこもっていく人たちは、将来への展望が持てないまま、ひたすらプレッシャーだけを感じて身体に蓄積させていく。

都内のハローワークやエージェントで仕事を探しているものの、まったく決まらないという四〇歳代後半の電機メーカー元社員Fさんは、〝追い出し部屋〟行きと言われる退職勧奨を受けたことがきっかけで会社を離れ、以来、ひきこもり状態に陥った。

Fさんは夜、人事部から突然「人事異動だ」と呼び出され、「君の行き場所がないから、この部屋で待っていてくれ」と通告された。Fさんが待つように言われた場所は、事業部から離れた窓のない部屋。一〇席ほどのデスクが並ぶ、殺風景なフロアだった。

当時、Fさんの会社では、AV機器の売り上げが大幅にダウンしていた。人事部は、異動先を「新規事業……」などと口ごもり、はっきり言おうとしない。しかし、Fさんが待つように言われた部屋こそ、社内で噂されていた通称〝追い出し部屋〟だった。その部屋には名前がない。表向きの配属は「人事部付」ということになっている。しかし、辞令の発令もない。部屋には電話が引かれているのに、社内の内線番号表には出ていない。社内に存在しないことになっているのだ。

もちろん名刺もない。ひたすら次の部署が決まるまで待たされ続ける。しかもその間、仕事は何も与えられない。毎朝、その部屋に通勤するだけの日々。仕事がないのに、何もしないでいると「何も仕事をしていない」と怒られる。

〝追い出し部屋〟に入ると、他の部署の同僚と接触する機会はほとんどない。新たに入ってきた同僚たちのほとんどは、すぐに辞めていった。

送受信したメールは、すべて人事部で監視される。

「対象者のパソコンは社内の情報から遮断され、いままでいた部署の情報も一切、見られなくなる。だから、完全に孤立してしまうのです」

昔の同僚と廊下などで会っても、彼らは目を逸らしたりして、関わろうとしなくなる。異動とともに、電話やメールもピタリと来なくなった。仲の良かった同僚でさえ、話しかけると迷惑そうに声を潜めて「だって、監視されてるんだろ？」と、恐れおののく。組織の縦割りの構図の中で、他の部署の同僚と連携することは不可能に近かった。

Fさんは一週間に一度、人事部から個別に呼び出される。面接する部屋は、六畳くらいの広さ。取調室のような空間で、三～四人の相手に取り囲まれる。部屋に入る際は、携帯電話や手荷物はすべて取り上げられるという。

「面接では、〝これまでのキャリアの見直しをしろ〟とか、〝社内を回って自分で受け入れ先を探せ〟と言われたりするんです。そのために、社内用の履歴書も書かされました。でも、結局、職場なんてない。自分で仕事をつくれと言われても、どこの部署も業績が悪く、仕事も人もカットしているんですよ。会社としては、一応、次の仕事を探す努力はしたという、言い訳づくりですよ」

ただ「会社を辞めろ」と言われることは、決してない。「このまま会社にいても、仕事がない。どうしますか？」と、エンドレスに問われ続ける。

「工場のラインとか、社内の清掃とかの仕事ならあるけど、あなたのキャリアから言ったら、違いますよね？」

そんな仕事をやらされるくらいなら、外部で別の仕事を探したほうがいいだろう——そう言わんばかりに、暗に退職を求められているのだ。そして、「実はね……」と、人事部の担当者から話が切り出される。

「再就職支援会社が利用できる制度があるので、一度、見学にでも行ってみたらどうかな？　話だけでも、聞いてみたらどうだい？」

この間、Fさんは、なぜリストラ候補になったのか何度も尋ねた。しかし、人事は「上役が決めた」と言うばかりで、明確な回答をすることはなかった。逆に、「自分でその理由を理解していないことこそ問題だ」と責められたという。

こうしてひきこもりは大量生産され続ける

営業職だったFさんは、成績が悪かったわけではない。むしろ、社内でもトップクラスだった。どうしてリストラ要員に選ばれたのか、いまもはっきりわからない。ただ、思い当たることがある。Ｆさんも含めて、〝追い出し部屋〟行きの標的になるのは皆、リストラなどで前の職場を追われたり、吸収合併されたりして、中途で入社してきた〝よそ者〟だった。こうした中途入社組の特徴は、生え抜きと比較して、上層部に後ろ盾がいないこと。前職を追い出されてきた人たちは、再び標的にされて、失業を繰り返す。

Ｆさんは、労働組合にも相談してみた。しかし、組合の幹部は「それは、大変ですね」と、他人事みたいな言葉をかけるだけで、まったく役に立たない。組合に駆け込んだ他の人たちも、同じような状況だった。

五五年体制の名残は、いまも日本の会社の中で労働組合として残存している。ただ、組合が労働者のための組織として機能していたのは、最近でもバブル崩壊前までだった。いまや非正規雇用者たちにとって、組合の存在は障壁になるだけでなく、組合員である正規社員をも守れていない状態だ。もはや組合の存在意義も薄れつつある。

そんな状況を後押しするように、「労働の流動化」時代が到来した。

「正社員などの雇用形態自体が身分になってしまっている。労働の流動化が進まなければ、私たちのような求職者や非正規組は、ずっと身分を変えることができないまま、バッファー（緩衝装置）として採用され、また吐き出される。それに、流動化することによって、どんどん人を入れ替えていくのはいいのですが、いまの仕組みでは、なぜこの人を辞めさせるのか、明確な基準がなく、恣意的に決められています。成果主義といっても、多くの企業では役割と権限があいまいであり、実際のところ、成果なんてはかりようがないのです」（Ｆさん）

企業は〝流動化〟の対象者をどのように選ぶかと言われれば、実際には、どうしても最後は主観的な好き嫌いにならざるを得ない。つまり、経営者や上司が「流動化」を理由に、気に入らない社員をいつでも切ることができてしまう。だから、従業員は理不尽な要求にもじっと我慢して耐えるしかない。こうして多くの人たちは、本業とは関係のないところで、心身を摩耗させていく。

他の大手家電メーカーでも同じような退職勧奨が行われ、メディアでも話題になっていた。企業に入って指導しているのは、リストラ専門のコンサルティング会社だと、Ｆさんは指摘する。リストラなどで会社から引き離された人たちは、何とか再就職できたとしても、繰り返し標的にされて失業していく。Ｆさんは、近所の目が気になって家から出られなくなった。

いつの頃からか、経済界の方針で、会社の機能は中核を残して次々と非正規雇用や外部に委託する方向へと移行し、雇用の空洞化が進んだ。この社会は、こうしてひきこもり予備軍を大量生産し続けるとともに、会社との縁が切れた人たちは「ひきこもり」となって、この社会から離脱し、潜在化していっているのではないだろうか。

3　ひきこもる女性たち「それぞれの理由」

息子の就活失敗を機に母が「買い物にも行けない」

　ひきこもりになるのはおよそ七割が男性のため、筆者のもとに届くメールも男性からのものが多い。世間の一般的な認識としても、ひきこもるのは男性、というイメージが強いのではないだろうか。しかし時々、私のもとにはひきこもる女性たちからのメールが寄せられている。データ的な根拠はないとはいえ、女性の中でもとりわけ主婦の割合がかなり多く感じられるので、以下、具体例を紹介する。

〈私は2年前まで公務員として32年間勤めておりました。リーマンショックの影響で、長男が就活に失敗し、ネットでいろいろ検索するうちに、日本の現状を目の当たりにして、新卒で就職できないと、正社員になるのは難しいと初めて知りました……〉

　こんな書き出しで憂いの思いを書き綴っているのは、関東地方に住む五〇歳代前半の母親Gさんだ。いまは、家からほとんど外出できずに、ひきこもり状態にあるという。

長年、医療保険に携わる仕事をしてきた。しかし、窓口での相談や高額療養費の申請手続きをしてきて目の当たりにしたのは、いまの若者たちが置かれている厳しい現実だった。

〈私は仕事がら、バブルがはじけた時（以来）、就職できず、自殺をしてしまった若者を何人も見てきました。就活に失敗してひきこもり、心療内科にかかって入退院を繰り返し、飛び降り自殺をしてしまった息子さん。いまもデイケアに通っていて、社会復帰できない子。いじめに遭い、不登校になり、病院の院内で勉強していた女の子。うつ病で長年薬を手放せない方、仕事に行き詰まり、自殺された方……〉

三〇年以上前、Gさんが就職した頃とはあまりにも世の中が変わってしまっていた。痛感するのは、派遣やフリーターといわれる人たちが増えたことだ。それまでは、若者が仕事を選り好みしているのだと思ってきた。

それだけに余計、長男が就活に失敗したときは、いろいろなことが頭の中を駆け巡ったという。

〈自分の子どもがそうなるのでは……と心配で心配で、夜、眠れなくなり、安定剤を処方してもらい、仕事に行っていました。不安神経症。うつ状態。就職できない……どうなるの、これからの人生。私が壊れてしまった。子どもより、私が壊れてしまった〉

Gさんは、職場を休職させてもらい、いろいろと薬を試してみた。しかし、効き目など何もなかった。夫には「心が弱いから」だと責められ、追いつめられた。

〈壊れた私が悪いのだけど、外に出られない。お買い物にいけない。デフレで物が安くなったのは、人件費が削減されたパートやアルバイトの方々のお陰。今までの私はなんて恵まれていたの。グローバル化で、外国でつくられたもの、輸入食材などなど見るのも怖い。ひきこもった母親になり、元気いっぱいだった母親が何もできなくなった。挙句、退職せざるをえなくなった〉

大学を卒業後、留学までした長男は、アルバイトを経てパチンコ店に就職した。「職場は大卒ばかりだ」と言う。「長男は小・中・高校と成績も優秀で、進学校に入り、特進（特別進学クラス）に通っていたのに」という思いが、Gさんの脳裏から離れない。

次男も、そんな母親と暮らしているうちにやがて大学に行けなくなり、不登校になってしまった。兄と同じ大学に通っていた自分に、自信が持てなくなってしまったようだとGさんは推測する。

〈うちの子は2人とも男の子。就職できなかったら、私たちが歩いてきたような人生を歩くことができないのでは？　どこでもいいから就職して。と叫ぶ私がいた〉

長男が就活していた頃、Gさんの職場には三〇歳ギリギリで公務員試験に合格してきた男性がいた。彼は頭がいいものの、応用が利かない。電話に出てもマニュアル通りにしか話せない。わからないことがあっても、年齢やプライドが邪魔をして、聞こうとせずに仕事を進めて失敗する。

ある日、ふとゴミ箱を見ると、切手が貼られた封筒が一〇枚ほど捨ててあった。彼に理由を聞くと、こう答えた。

〈切手を貼ってから、宛て名が間違っていることに気がついたと……。切手を剝がすことができないから……でも（周りに）聞けないし……〉

一時が万事、そんな調子だった。結局、彼はいとも簡単に退職願を出した。そして、上司が止めるのも聞かずに退職していった。

出口のないトンネルを抜け出せない

〈現在の日本は、高度成長時代に生きてきた人にだけ、優しい時代だと思う。70歳以上75歳未満の医療費の2割負担は、いまだ先延ばしだし……〉

Gさんは、高度経済成長時代の一九七三年に始まった老人医療の無料化が、今日の日本を作り出したのではないかと指摘する。

〈膨らむ老人医療。その後、10年もせずに破綻して、１９８２年に老健法に変わり、各健康保険組合、国保、政管健保（現協会けんぽ）、共済健保に拠出金というかたちでお金を出させた。その後の後期高齢者医療制度も破綻寸前……〉

まだ自宅で生活できたようなお年寄りも、無料だからと入院させ、どんどん医療費は膨らんだ。それに伴い、健康保険料も上がり続けてきた実態を目の当たりにしてきた。

Gさんは、こう続ける。

〈膨らむ年金をどうすることもできなくなり、学生まで強制的に加入させ……10年ほど前からは、賞与からもすごい額の社会保険料を差し引くようになった。賞与の手取り額などは一向に上がらない……一説によると、医薬分業で処方箋薬局が増えたのも、溢れる薬大卒者の受け入れ先がなくなったから、旧厚生省がすすめたことだという。ますます医療費が上がる……〉

そして、現場を知るGさんは、こう問いかける。

〈どうして働いている若者のほうが、働いていない高齢者の方より収入が少ないのか？〉〈どうして真面目に働いてきた自営業者のほうが、生活保護受給者の方より収入が少ないのか？〉〈どうしてアルバイトで一生懸命働いている方のほうが、障害年金をもらっている方より収入が少ないのか？〉〈国民年金の負担は上がる一方なのに、働きたくても就職することができない若者は、一生アルバイトで国民年金を払うのか？〉

毎日、毎日、こんなことばかり考えて、「出口のないトンネルから抜け出せない」というGさん。周囲からは、「いま食べていければいいのよ」「子どもたちの先を心配しても仕方がないのよ」などと諭され、仕事を辞めざるをえなくなった自分を責める。

〈でも、生きて行かなければいけないし……〉

これからますます、少子高齢化が進んでいくのであろう。しかし、安定した仕事がなければ、結婚することもできない。

〈(テレビ)番組で、(筆者が)ひきこもっていても、収入を得る手段があれば良いとおっしゃっていましたが、そんな人は、ごく少数なのです。平凡なサラリーマン家庭で、うちの次男のようになってしまったら、これからどうすればいいのでしょうか?　まして、母親まで壊れてしまい……〉

人生の歯車はちょっとしたつまずきから崩れていく。しかも、時として本人だけにとどまらず、家族をも巻き込んでいく。

〈レールから外れたうちの子が悪いのだけど、今の世の中、一度脱線してしまったら、もう修復は無理。私みたいな弱い人間がいたら、家族の人生まで狂ってしまう。壊れた母親は、これから、どうして生きていけばいいのだろう〉

Gさんが〝壊れた〟原因は、彼女の心の繊細さだけにあるのではない。

今の日本は、経済状況などの社会環境の変化に対応できるシステムになっておらず、結果的に個人が生存権や基本的人権を脅かされる。この国の空虚な社会システムそのものにこそ問題があるのではないか。ひきこもりの取材をすればするほど、そんな歪んだ構図が透けて見えて来るのだ。

長男とひきこもる元エリート母

「ひきこもり主婦」のGさんの話を紹介すると、筆者のもとにはたくさんのメールが寄せられた。そのほとんどが、同じ主婦の立場でひきこもってしまっている方々からのものである。

〈私もうつ病で、ひきこもっています。主婦です。長男が、やはりひきこもりです。高校に行けず、3月に中退予定です。中卒で、病気で、この先どうなってしまうのだろうという不安でいっぱいです〉

そう明かすHさんは一五年ほど前、職場でのパワハラが原因でうつを発病し、ずっとひきこもっているという。

〈長男が小学生の時、（私の）うつの容態がかなり悪かったので、長男のうつ発病は、それが要因の1つかと考えられます。私のうつの原因は、退職でなくなったはずなのですが、ちょうどそのころ、原因不明で右手が不自由になってしまいました。その症状がよくなっていないのが、うつがよくならない理由のようです〉

そんなHさんは、いまの若い世代に対して、進学校から一流大学、一流企業へと進めるくらい勉強ができれば、人生は安泰だと感じられた自分たち四〇歳代の価値観を押し付けてはいけないと考えている。たとえその〝コース〟から外れようとも、いまの時代、就職できるだけでも立派なものだと評価する。

〈私自身は、トップ校、一流大学、一流企業（の出身）ですが、いまはこのありさまなんで、勉強ができれば幸せになるとはとても思えません。かといって、何が幸せなのかわからないのですが……。

いまの社会の不幸は、誰もが、何が幸せかわからなくなっていることに起因しているのではないでしょうか。お金や物質的には、ほとんどの家計が苦しくなっていると思います。総中流時代から、総下流時代になっているように感じています。希望が見えない時代では、うつ・ひきこもり・自殺は、増える一方なのではないでしょうか〉

世の中の状況は、まだバブルの余韻が残っていた一九九〇年代を境に、ガラリと変わってしまった。いや、実は本質は何も変わったわけではなく、解決を先延ばしにされて地域の中に埋もれてきた〝この国の課題〟が露見してきただけなのかもしれない。

これだけ長期化、高年齢化した数多くのひきこもり状態の人たちを目の当たりにすると、もはや社会的背景を語ることなく、「ひきこもりは青少年の身に起こる思春期特有の問題」などと信じることは到底できない。

それなのに、この国は「子ども・若者育成」というくくりの唯一の法律のもと、いまも〝本人〟に向かって、実態とはかけ離れた「対策」を練っている。

セクハラがエスカレートして

女性がひきこもり状態に追い込まれていく背景には、職場内でのセクハラやストーカーなどの行為が放置される雇用環境の劣化も一因にある。

人事部長からストーカーのようにセクハラ行為を受けた末、退職勧奨へとエスカレート。前職調査に関係する離職票にも嫌がらせをされ、再就職がなかなか決まらないまま、うつ状態に追い込まれた元会社員の女性から、私のもとにSOSが届いた。

日本海に面した都市で大手企業に勤める三〇歳代女性のIさんは、営業職として成績を上げていた。しかし、その会社では、女性の営業マンというだけで珍しがられた。
東京の本社からは、何度も人事部長が訪問。独身の彼女はそのたびに様々な形で呼び出され、ホテルにも誘われた。彼女は当初、人事部長のことを信用していたという。しかし、ホテルへの誘いにはのらなかった。

その後、Iさんは、急に配置転換を命じられた。そのときはセクハラと闘おうと思って、人事部の担当者に連絡を取り、事情を打ち明けると、話を聞いてくれた。ところが「どこか、いい所ないですかね?」と、ポロッとこぼしたら、「では、再就職支援先を見つけます。有給はどれくらい取りますか?」という条件を突きつけられ、いつの間にか退職勧奨へと話をすり替えられた。

結局、会社側はIさんの訴えを「二人きりの密室での出来事」として片づけ、「証拠がない」という理由で、問題にしようとしなかった。社会の一般常識から考えれば、何とモラルの低い会社で働いていたのかと愕然としたという。

こうなると、自分の身は自分で守らなければいけない。そう思ったIさんは、会社が加入する全国系列傘下の労組にも相談。団体交渉のために、東京から組合の専従職員が来たものの、どこか論点がズレていた。この組合の職員は、賃金の交渉には長《た》けていたものの、セクハラやパワハラについては、ほとんど無知の状態だったのだ。

退職勧奨は、会社都合の退職にあたる。Iさんは、会社が契約している再就職支援エージェントの紹介と有給休暇を四ヵ月ほど延期して退職することを条件に、「いままでの経緯は、未来永劫しゃべるな」という同意書を取られた。

ところが、離職票をハローワークに持っていくと、職員にびっくりされた。離職票の退職勧奨の理由として「その他」に丸が付けられていて、特記事項には「Iさんが報告事項を怠ったため、会社は環境改善に努めましたが、双方の溝は埋まらず、やむなく退職勧奨を行いました」などと、嫌がらせのような文言がびっしり。それも、枠内には収まり切らず、枠外にまではみ出して記されていた。

実際には、彼女は日報をきちんとつけていたので、事実と違っていることは明らかだった。

「大手企業で、こんなことをする人、初めて見た」

ハローワークの若い職員二人は、思わず声を上げて目を丸くした。

「単なる嫌がらせですね。あなたはまったく気にする必要はないし、この内容が私たち以外に漏れることは絶対にありませんから。これは、ただファイルに綴るだけです」

彼女をホテルに連れ込めなかったからなのだろう。人事部長は〝ストーカー〟から〝嫌がらせをする人〟に変貌していた。

「もしかしたら、セクハラはパワハラの序章でしかなかったのかもしれませんね。また、今回感じたのは労働組合も組織が大きいだけで、特に切れ者がいない限り、何の役にも立たない存在だとわかりました」（Iさん）

周囲からは、訴訟を起こすようにすすめられた。ただ、地方で名前を出して闘うには、どこで誰につながっているかわからない怖さがあった。色眼鏡で見られるのも嫌だった。

「老後破産」激増の危機

Iさんのような話は、実際、日本の企業の中で起こっている事件の氷山の一角に過ぎないのだろう。しかし、こうして傷つけられたIさんはその後、ハローワークに通って、本格的に就職活動を行っているものの、すべて落ち続けた。

地方の求人状況は、都会より深刻だ。在職していた会社での勤務状況や態度などを問い合わせる前職調査は、地方であればあるほど行われているという。詳しくは第二章で触れるが、求人件数は数多いのにハローワークの職員が紹介しても実際には採用されない〝カラ求人〟は日常茶飯事。「一般事務職募集」と謳いながら家庭訪問の飛び込み営業をすることになる場合や、通勤費が一件訪問につき一〇〇円の介護の仕事といった〝怪しい求人〟もある。

「きちんと働きたいのに、収入が不安定でまともな求人もない。保険や年金も払えない状況です。世の中、いつからこうなってしまったのでしょうか」（Iさん）

ハローワークは何も言わず、労働基準監督署もほとんど機能しなかった。

「ひきこもりになる気持ち、とてもよくわかります。私は、落ち続けて自律神経失調症になりました。私の場合は、苦しくなったら親元に戻り、気持ちを落ち着かせたりしています。家の中にずっといると、気持ちがどうにかなってしまいます。就職への焦り、独身での将来への焦り、落ち続けたことにより、自分自身への苛立ち・喪失感など、悪いことばかり頭を回っているのです。

たくさんたくさん嫌なことがありました。精神的にも追い詰められました。今でも、漢方薬の精神安定剤はお守りとして必ず携帯しているくらいです。円形脱毛症にもなりました。ストーカーもされて、警察に相談にもいきました。何度、死にたいと思ったか。どれだけ親に心配をかけたか……。運転中、〝ここでハンドルを切ったらいけるな……〟〝電車に飛び込めば楽になるな〟〝練炭を買おうかな……〟などと頭をよぎりました。こんなに死にたいと思ったことは、本当に生きていて初めてでした」（Iさん）

劣化した雇用環境が放置され、社会的課題の解決は先延ばしにされる――。そうしたしわ寄せが世の中の最も弱い部分に蓄積され続ける。そして、時代に合わなくなったこの国の仕組みの設計そのものが、あちこちで悲鳴を上げている。マグマのようなひきこもり化の流れは、国の仕組みが破綻《はたん》する兆しのように思えてならない——。

これまで述べてきたように、さまざまな事情で一旦レールから外れた人たちの多くは、その後、仕事に就くことができずに、本人の意思に反して、ひきこもらざるを得ないような日々を送っている。この国で「ひきこもり」の高年齢化・潜在化が進む背景は、想像以上に根が深い。このままでは、老後の蓄えがなく頼りの年金さえ受け取ることができず、いずれ「老後破産」せざるをえない人が激増しかねない。だからこそ「大人のひきこもり」はいまの日本に潜む大問題と捉えることができるわけだ。

ではいったい、なぜ社会に戻れなくなってしまうのか。そこには、そもそものひきこもるきっかけだけではなく、やっと意欲を持ち始めて辿りついた〝社会の入り口〟で、再び傷つけられていく構造的な要因も無視できない。次章ではその背景をレポートする。

第二章　ひきこもりの背景を探る

1 「立ち直り」を阻害するもの

なぜ、一度会社を辞めると、社会との縁までもが切れてしまうのか。その袋小路に入っていく背景には、なかなかリセットすることが許されない日本の社会構造がある。

典型的な問題として、年金などの社会保障は終身雇用時代の家庭を前提に設計されている一方、終身雇用のレールから外れると、とても不利な境遇に陥るようになっている。しかし、いまやリセットして「空白期間」を持たない人のほうが、珍しくなった。「昨日より今日、今日より明日のほうが暮らしがよくなる」といった、高度経済成長期のような考え方や価値観は通用しない。もはや従来のやり方だけをあてにしていては、自分の生活が行き詰まる。

これからは、自分たちの未来の仕組みは自分たちで問いかけ、作り直していかなければならないのではないか。

ここで、ひきこもりが高齢化・潜在化してきた背景としてまず指摘しておきたいのは、前述したように、ハローワークで紹介される求人情報の〝質〟だ。

筆者のメールアドレスには連日、悲鳴のような体験談が何通も寄せられてくる。その中には、「ハローワークは税金の無駄遣い施設であり、資格よりも人脈（そして運）がモノをいう社会だということ」を痛感した、などと訴えてくる人たちもいる。筆者の印象では、ひきこもり状態にある人たちの三分の二くらいは、就職の失敗や、再就職できなくなるなどの理由から、〝空白期間〟を続ける人たちだ。

「会社の求人に応募し続けているのに、仕事に就くことができない」

「紹介されて入ってみたら、ブラック企業でした」

このように、ひきこもりからの「立ち直り」を阻害する一因として考えられるのが、ハローワークなのである。

ハローワークの〝怪しい求人〟と〝神様スペック〟

都内のハローワークで仕事探しをしている四〇歳代後半の男性で、電機メーカー元社員のJさんは、一年ほど前退職勧奨に遭った。以来、ハローワークや再就職支援会社などを通じ、海外営業職の仕事を探している。これまで、インターネットやハローワーク、人材銀行経由などもすべて含めると、一一〇社余り応募した。そのうち面接まで行けたのは、およそ一割の一二～一三社。しかし、まったく決まらなかった。

しかも、Jさんが応募した大半の会社は誰も採用していないためか、求人を続けていたという。

「ハローワークは、同じ求人がグルグル回っているだけなんです。無料なので、会社の宣伝として出しているところもあるようです。『もしいい魚が釣れたら儲けもの』という感じで出しているところも多いのではないか。待遇が悪くて、人がすぐ辞めちゃうので出しているところもある。三ヵ月ごとに更新すると、また新規求人扱いになる。だから、新規求人はないかと思って探してみると、見たことのある求人ばかりなんです」（Jさん）

ハローワークで求人検索して、応募したい会社の希望を出すと、ハローワークの担当者は「はい、わかりました」と事務的に答えるだけで、適切なアドバイスはなかった。

「推薦状というのを書いてくれます。でも、これもおかしなシステム。印刷された定型の紙一枚だけです。大体、ここで今、お互いが会ったばかりなのに、何を推薦するというのでしょうか」

何回受けても、そのたびに落ち続けると、Jさんはため息をつく。

「ハローワークの担当者にしつこく言われるのは、『ちゃんと連絡してくれ』、そして『結果を教えろ』ということでした。あなたは、いつ、どこで面接して、結果はどうだったのか。もし知らせなかったら、もう紹介しないぞと。自分の仕事のレポートを書くために、そのネタをくれ、というような話ばかりですよ」

非現実的なスペックを要求する求人も少なくないという。

たとえば、「海外営業」の求人を見てある会社に行くと、「生産管理の経験はありますか？」と聞かれた。いったい、営業経験者で、かつ生産管理の経験もある人など、どれくらいいるのか。そうJさんは首を傾げる。

「それだけではありません。海外にネジを売っているので、英語と中国語、今後、ベトナムに進出するので、ベトナム語もわかって、経理もわかること。しかも未経験なら給料は二二万円と言われる。そういう無茶なスペックが追加される。とにかく非現実的な〝神様スペック〟を要求する求人が、とくに中小のオーナー企業に多い」

別の原子力発電所用の部品を作っている中小企業では、中東の国にネジを輸出するという。

「生産や輸出の知識に加えて、原発の仕組みが理解できていて、各国のエリートと張り合って行けるような英語力、ＭＢＡレベルの知識を要求されました。もちろん、その会社にすら、そんな人はいません」

足元を見られる中高年応募者

同じ求人がグルグル回る〝カラ求人〟の中には、一部上場企業も含まれていたという。

「ある電子部品メーカーの場合、系列会社も含めて全職種でしょっちゅう募集しているのに、応募しても返事は一度も来たことがない。放ったらかしですよ。さすがに、ハローワークでは、再就職支援会社であっても〝この会社はすすめていません〟と言われました」

中高年の応募者は確実に足元を見られていると、Jさんはいう。

ハローワークに設けられた相談窓口へ行っても、あまり役に立たない。

「派遣や非正規の仕事をすすめられるんですけど、私が〝非正規は不安定だから〟と言ったら、キャリアカウンセラーは気に障ったのか、〝私も非正規なんですよ。以前、有名企業の人事にいたけど、給料だって半分ももらってない。私だって、他人の仕事を探してるどころじゃないんだ〟って」

ハローワークの担当者は忙しくて、職場で情報集めすらできない様子だったと、Jさんは明かす。

「こういう状況なので、ハローワークは当てにできない。失業手当をもらう手続きに行くところであって、求職するところではないということです」

求人情報に募集の対象年齢も明記されていないので、あてずっぽうで応募せざるを得なくなり、それが失業の長期化を招いているようだ。

厚労省が二〇一三年に公表した同年二月の有効求人倍率は、前月比横ばいの〇・八五倍。全国のハローワークでの求人件数は同年四月一〇日現在、七七万七六〇件で、仕事は溢れているように見える。

少し古いデータになるが、二〇一一年度の新規求人数の八一五万七一四〇人のうち、同年度中に就職できた人は二一九万八一〇人で、「充足率」はわずか二六・九％に過ぎなかった。つまり、これだけの求人数がありながら、四〜五人に一人程度しか雇用につながっていないことになる。上向きに見える有効求人倍率は、数字上のことであって、実態は決してよくなかったのである。

仕事を選ばなくても雇ってもらえるとは限らない

ハローワークで仕事を探し始めてから三年ほどの間に、二〇〇社以上応募し続けてきたという五〇歳代男性のKさんも、こう話す。

「ハローワークの中に求人開拓員という人がいて、開拓はしているそうなんです。地元の企業を回って〝無料だから出してください〟って。まったく採用する気がないのに、単に有力者に頼まれたから仕方なく出すということも結構あるようです。よほどいい人材が来れば採用するけど、あまりそういう人はいない。だから、三ヵ月ごとに求人が更新され続けるという、ずっと開店休業のような状態なんです」

こうしたハローワークの実態は、深刻な問題であるにもかかわらず、これまであまり触れられることはなかった。有効求人倍率だけでなく、失業率などの数字についても、一定のものに保とうとする力がどこかで働いて、現場の実態が数字に反映されていないのではないか。日本の雇用の状況は悪化しているのに、その深刻さがそれほど数字に出ないような仕組みになっているのではないか。

Kさんが二〇一三年三月、都内のハローワークで「東京及びその近隣」の求人を調べたところ、一週間以内に受理された求人は五〇歳でもパートを含めて二万八三二一件（フルタイムのみ一万二二一五件）。一ヵ月以内に受理された求人は、七万一四一八件（フルタイムのみ四万一七三三件）あった。

「仕事を選ばなければ、仕事なんていくらでもあるではないか」

そんな声を時々聞く。しかし、Kさんはこう言う。

「じゃあ仕事を選ばなければ雇ってもらえるのかというと、そうともいえない。たとえば、介護職の人材が足りないと言われていますが、採用側も人を選んでいるんです。たとえヘルパーの資格を取っても、中年男性の需要はないと言われます」

求人情報の仕事の内容にも、目を向ける必要がある。

「〝保険会社の調査員　中高年も歓迎〟と書いてあったので応募してみたんです。すると、交通事故の現地へ調査に行き、警察や当事者に話を聞いて、分厚い事故調査レポートを書く仕事が交通費込みで一件一万円という歩合制でした。宅配弁当などの配達でも、自分の車を使う安い賃金の求人がある。最近こうした、信じられない金額で個人事業主として委託契約を結ぶような仕事が多いんです」

かつての民主党政権は、「最低時給一〇〇〇円」を謳っていたが、最低時給六〇〇円台の時代から上がるどころか、最近は「個人事業主の契約にして、実質時給三〇〇円台」だと、Kさんは説明する。しかも、「車も保険も自己負担」と言われるなど、どんどん追いつめられているという。

「応募した中には、〝経営コンサルタント　中高年歓迎〟という求人がありました。問い合わせたところ、〝HPを見てくれ〟と言われたので見てみると、別のHPがあるんです。それをクリックしたら、経営コンサルタント部門もあるのですが、仕事の内容は、お金を貸す怪しい感じの金融業。取り立てをやらされるのかなと思いました。経営コンサルタントなら、日本政策金融公庫から会社に融資が出る。法的にも微妙な感じがしました。いろいろと怪しい仕事が多いですよね」

Ｋさんは、こうしたハローワークでの経験をきっかけに、どのように求人を載せているのか、どれくらいの人数が採用されているのか、求人の実態に疑問を抱いた。

それでも、妻からは「会社員になってほしい」と言われ続けているため、怪しい企業にも応募してきたという。

「ハローワークでは違う業務で募集が行われていて、実態は振り込め詐欺だったという違法行為の求人もあるようです。ハローワーク側でも、つかめないんでしょうね」

代表戸締役社長

いったい、求人を出した企業は、実際にどれくらい採用しているのだろうか。筆者がハローワークを管轄している厚労省の職業安定局に確認してみると、「なかなか埋まらない求人もあるので、全体を通して集計していない」という。つまり、採用が決まるまでの求人の充足期間という基準は、設けにくいということらしい。〝カラ求人〟などの実態についても「把握できていない」という。

それでは、求人で募集している仕事内容が実際と違う、あるいは、違法行為であることがわかった場合、どうなるのか。

「そういうことがわかった場合、適宜、ハローワークから指導が行きます」

〝指導〟というのは、どういうものなのか？　悪質な場合、罰則が伴うのか？　とさらに突っ込んで聞いていると、他の担当者が出てきて、こう答えた。

「ハローワークとしては、実態とは異なる労働条件を求人票に記載されるのは、非常に問題がある。実際の仕事内容で求人の申し込みをするようにと指導し、必要に応じて求人内容を訂正することになります」

万一、申し込まれた求人の仕事内容が法令に違反している場合は、「紹介保留」の措置がとられる。

何ヵ月経っても採用しようとしない企業の求人情報が確認できた場合には、求める人材をきちんと確認したうえで、それに見合った人を紹介するように努めているという。

「ハローワークでは、未充足求人のフォローアップを行っていて、何が原因なのか、分析したうえで対応することになります」

それにしても、企業にとって、採用につながらない求人を出し続けることに、どんなメリットがあるのか。

「ハローワークに求人を出すということは、人を採用したいからで、それ以外の何ものでもないと思う。応募する側のほうの問題もあるかもしれません」

二〇一一年度の場合、新規求人のうち採用した会社は四～五社に一社の割合という状況が続いていたにもかかわらず、厚労省としては、求人を出す企業側というより応募する個人の側の問題と認識しているようだった。

前出のJさんが「中高年　長期失業」をネットで検索したところ、「ひきこもり」がヒットしたという。

「長期失業者は、表面的には池上さん(筆者)が追究している〝ひきこもり〟と、あまり変わりません。職もカネもなく、誰からも相手にされなくなるので、仕方なく家にいるんです。ネット上では〝自宅警備員〟と自虐的に名乗っていますよ。ほかにも、〝一級在宅士〟〝代表戸締役社長〟〝ホームガーディアン〟〝職務放棄員〟〝閉鎖空間の神人〟〝内交官〟なんて名乗っている人もいます」

Jさんの妻は、最初の頃、「失業は個人的な問題」と捉えて、夫を責めた。

「中高年が在宅していると、周囲から精神的な問題を抱えているか無能力者だとみられると言って、家内は嫌がります。表面的には、このような問題を抱えている人も、ひきこもりの人も、失業者も、まったく同じに見えますから」

三〇〇戦全敗

別の当事者は、ハローワークなどの紹介で三〇〇社以上応募し続けても再就職できず、ひきこもっていった自分自身のことを〝失業系ひきこもり〟と表現する。

一年間に三〇〇社以上も応募し続けながら、採用が決まらなかったのは、四〇歳代男性のLさん。大手金融機関に勤務していたLさんは退職後、二年余りの〝空白期間〟を経て、再就職活動を開始した。応募先は、一般企業だけでなく、公益法人、学校法人、官公庁など、多岐にわたった。

「正社員で入ろうと思って、ハローワークにも行きましたし、求人サイトも利用しました。自分の履歴書や職務経歴書を求人サイトに登録しておくと、関心を持った企業がアプローチして来たり、お勧めの会社を紹介するメールが送られてきたりするので、それを見て自分で応募します。人材紹介会社では、キャリアコンサルタントと会って、自分がどういうことをやってきたのか、どういう仕事を希望しているのかなどの話をしてきました」

それこそ、Lさんは毎日のように就職試験を受け続けた。一日に三社連続、トリプルヘッダーで面接に臨んだこともある。

夏の暑い日は、スーツにネクタイ姿がさすがにきつくて、スターバックスやタリーズなどで、へたばっていた。

そして、面接を受けると、そのたびに「今後のご健闘をお祈り申し上げます」などの文言の入ったいわゆる〝お祈りレター（メール）〟という通知が届いた。なかには、求人しておきながら、〝お祈り〟が届いた直後に、なぜか破綻した会社もある。

さすがに、何度も心が折れそうになった。三〇〇社以上落ち続けたことについて、Lさんは、こう振り返る。

「この歳になると、年功序列の会社は給与が高くなるし、管理職としての能力を求められる。日本的なところでは〝年下の上司の下で働けますか？〟と言われることもある。それに、しばらく仕事の現場から離れていた。金融業界では、ほんの二年ほどの期間でも、急激に変わってしまい、現場で毎日、情報をやり取りしていないから、知識がアップデートできていない。必要なのは、日経新聞に出たようなみんなが知っている情報ではなく、大手町の飲食店で密かに会合を持ったときに仕入れたような話。現場から遠ざかっていたことが、結果的にマイナスだった」

日本の会社は、基本的に出戻りが許されない。ひきこもりしている人たちにとって、空白期間が長ければ長いほど、致命的になるのである。

一昔前なら、B銀行を辞めても、C証券で働くことができた。ところが、いつのまにか、C証券は、B銀行の子会社になってしまう時代になった。「いまは、そういう世界だ」と、Lさんはため息をつく。

「仕事を失ったり、転職したりすることは不思議ではないという考え方が、日本の採用者側に浸透していないところがあると思うんですよ」

中でも、ハローワークはまったく役に立たなかったと、Lさんは明かす。

「ハローワークの窓口の人たちが、求人票を見て、その仕事がどのくらいの実務経験や技術系の資格を必要としているのか、求職する人たちと求人内容とをマッチングさせる能力がないんですよ」

資格はまるで役立たず

また、官庁や自治体の外郭団体が求人を出すケースが増えている。いままでは縁故者などを水面下で採用していたが、表に出すことになった。だから、求人件数も増えたのだという。それは一見、いいことなのだが、応募の結果について、何の音沙汰もない。

Lさんは、こう疑問を投げかける。

「応募するとき、履歴書など個人情報を郵送などで提供したら、結果について知らせるとか、個人情報は責任を持って処理するとか、公的機関だからこそ明示すべきだと思いませんか?」

資格についても、まったく役に立たないことを実感したという。

「私は、履歴書の資格の欄が立派に埋まるんです。ところが、ほとんどの資格は、自分で開業している人か、企業で必要に迫られて取得した人以外、まったく役に立ちません。にもかかわらず、資格の学校はその必要性を盛んに煽ります。社団法人や財団法人、NPOなどが、ものすごい数の資格を作っている。でも、資格を取っても、就職活動にプラスになるわけではありません。資格に幻想を持っている人がいますけど、公認会計士が早期退職を迫られたり、生活保護を受けている弁護士もいたりするのが現状です」

Lさんは大学生のときから、国家資格を取得してきた。「勉強の成果を確認するため」と、「就職活動で履歴書を飾るのにいいだろうな」くらいのつもりだったという。

しかし、Lさんの取った資格が、その後二〇年以上にわたって活用されることはなかった。

玉石混交の人材紹介会社

「私が感じたのは、一旦、仕事を離れると、人としての価値が下がったような扱いをされることです。理想的なのは、大学を卒業してから現在まで仕事が一貫していて、転職の回数も少なくて、途中のブランクがないこと。石油やガスのパイプラインじゃないですけど、継ぎ目がちゃんとつながっていて、途中で漏れていないことなんです。

ところが、いまは、事情があって継ぎ目がうまくつながらない人が多い。そういう人たちが、社会から排除されているような気がするんです」

一旦、社会の枠組みから外に離脱してしまうと、どんなにあがいても、なかなか再就職できない仕組みができ上がっている。

「人材紹介会社に対しては、転職したい人がお金を払うわけではない。求人を出している会社が、お金を出しているわけです。

人材紹介会社のコンサルタントの中には新卒で人材紹介会社に入社している人もいる。しかし、転職してきたり、いろいろな業界を知っていたりする人材でなければ、適切なアドバイスやマッチングなどできるはずがない。

また、定年退職した人が過去の人脈を活かして行う人材仲介会社に行くと、〝こういうところが良くない〟などと一方的に説教される。高圧的で不快な思いをした上に、その後まったく連絡してこない。血液型や本籍（出身県）を聞かれたこともありました。いったい、どんな意味があるのか。テレビの県民ショーでも見ているのかと思いました」

なかには、人材紹介会社から「全身写真を添付ファイルで送る」よう求められた女性もいたそうだ。

「いくつかの人材紹介会社に登録した後、携帯に迷惑メールが送られてくるようになって、ワンルームマンションを買いませんか？　という勧誘も増えました。人材紹介会社は、人の出入りが激しいから、個人情報が売買されて流出していくこともあるようですね」

一口に人材紹介会社といっても、「玉石混交」だとLさんは感じているという。

親の介護や自分自身の病気、転居を伴う遠隔地への転勤、出産・育児など、何らかの理由で、仕事を離れざるを得ない人もいる。そんな人たちが長期失業をきっかけに、家から出る理由がなくなり、社会とのつながりがなくなって、ひきこもっていく——。

多くの人たちは、将来への展望が持てず、ひたすらプレッシャーだけを感じているという。もはや長期失業は、個人的な問題でもなく、ハローワークだけの問題でもない。雇用の現場で起きている構造的な問題の歪みを是正して、限りある国の資源を広く国民に還元していかなければ、たとえ再就職できたとしても、また失業が繰り返され、長期失業者が地域に潜在化していくだけである。

辞めさせないブラック企業

Lさんのように、ハローワークなどに紹介されて応募し続けても、なかなか再就職できない——そんな読者からのメールが数多く寄せられてくる一方で、やっと就職先が決まったと思ったら、そこは〝ブラック企業〟だったというケースもまた数多い。

なかなか雇用環境の良くならない時代。これまで述べてきたように、履歴の空白の長期化が、「大人のひきこもり」の入り口になっていくケースは、確実に増えつつある。

長時間労働を強いたり、残業代を支払わなかったりする企業についての相談に弁護士が無料で応じる「ブラック企業被害全国一斉ホットライン」が行われるなど、いまや〝ブラック企業〟という言葉をニュースで見ない日はないくらいだ。

真面目な人ほど、こうしたブラックな会社で心身をすり減らしていく。そして、いったん会社を離脱すると、様々な理由で社会に戻れなくなり、いつのまにか地域に埋もれていくことになる。

都内に住む四〇歳代男性のMさんはいま、〝辞めさせないブラック企業〟に勤めているという。もともと、銀行の営業職員として二十数年勤務したが、「上司が白と言ったら白と言えみたいな、前から決まっていることに従う銀行特有の前例主義が嫌になって」退職。

失業手当を申請し、通い始めたハローワークの紹介を受けて都内にある金融会社の支店開設業務に応募したのは、三年ほど前のことだった。

ところが、支店のオープニングメンバーとして新たに入ったその会社は、ハローワークで提示された条件とは違う〝ブラック企業〟だった。そこでは、業績が良くなっていくにつれて、なぜか給与が下がり続けたのである。

「儲かっているのに、なんで給料が減るの？」と、Mさんは、疑問を抱いた。

「まず、年間一二〇日の休日という約束が反故にされました。また、最初に提示された月額三〇万円の給与のうち、五万円の年齢給部分が徐々にカットされ、月額二五万円に減額。半年後には二二万円にされました。いまでは二〇万円とインセンティブという形になっていますが、インセンティブも雀の涙です」

残業代も口約束だけで支払われない。通勤費などの交通費が減額されていったのも、求人票の条件とは違う。しかし、こんな職場環境にもかかわらず、誰からも不満の声が出なかった。

そもそも、同社に来るのは、ハローワーク経由で来たMさんのような中高年世代。辞めたところで、なかなか次が見つからない。

「辞められないことに付け込んで、どんどん給与を減らしていく。どうせ辞められないんだから、こっちの条件に文句を言わず、働け！　とばかりに、足元を見て好き放題している会社でした」（Mさん）

多くの中高年サラリーマンたちは、辞めても次がないから、生活のためにしがみつかざるを得ないという事情を抱えている。とくにローンを抱えている人なら、なおさらだ。

「本来の〝ブラック企業〟といえば、夜遅くまで残業させて、会社を辞めさせてしまうことが多い。ところが、うちの会社は逆で、相場の半分くらいの給料で使い倒している。中には、仕方ないとあきらめて、働いている人もいます。そういうタイプの〝辞めさせないブラック企業〟でした」（Mさん）

こうした、辞めさせない〝ブラック企業〟の話も最近、増えつつある。辞めたいと言うと、会社が辞めるのを妨害し、いつまでも働かせるというのだ。Mさんの会社では、辞めるに辞められない四〇歳代以上の社員の足元を見て、給与を安価に引き下げたうえ、こき使い続ける。おそらく真面目な人ほど、誰にも相談できないまま、一生懸命に働き続け、心身を摩耗させていくのだろう。

そんな状況から脱け出すには、次の転職先を見つけるか、別の職場からオファーの来るような資格を取るしかない。無理し続けるくらいなら、思い切って会社を休職しても、辞めてもいいと思う。

しかし、Mさんによると、ほとんどの社員は、あきらめているようだという。

「うちの会社のカラクリを最近、知りました。普通の会社の考え方は、売り上げから経費を引いて、利益を出します。ところが、社長の考えは違う。売り上げから利益を引いて、経費を出している」

つまり、最初に利益が決まっているのだという。

社長の説明する理由も一見、もっともらしい。

「最初に利益を出さないと、つぶれてしまう。従業員の生活を守れないから、利益を先に引いている」

Mさんによれば、この説明には二つのウラがあるという。それは、金額の詳細（内訳等）を社員に対して明示していないことと、会社をつぶさないために利益を計上することだ。

「たしかに利益を計上してつぶれないのなら、黒字倒産はあり得ません。一方で、日本の中小企業の七割は赤字なのに、なぜつぶれないのか、疑問に思いました」

社員総会で、社長がこの選択肢を示して選ばせたとき、社員のほぼすべてが利益を計上する案に手を挙げたという。

しかし、お気づきのように、売り上げが良くても利益を上げれば、経費は下がる。だから、業績は良くなっているのに、内部留保が膨らむ一方で、経費にあたる社員の給与や交通費は下がり続けたのだ。

コンサル的には、経費を上手く抑え込んで、上手に経営しているように見える。赤字になったことがないと豪語しているような中小企業の中にも、こうした従業員への人件費や経費を低く抑え込むスキームが使われているかもしれない。

三年ほど我慢して、ようやくMさんは幸いにも次の転職先が見つかり、この会社から脱却することに成功した。

しかし、転職エージェントからは、「辞めた会社の給料が踏襲される」と指摘された。だから、次の職場では実力で上げていかなければならない。

その後、Mさんからは改めてこんなメールが寄せられた。

〈辞めるときも「退職金を払う」と言っておきながら、いまだに振り込まれていませんし、最近になって、住民税を給与から差し引いていながら、払っていないことが発覚しました〉

〈この就職難の時代に、中高年退職者を〝食い物〟にする「ブラック企業」は、世間から退場すべきです〉

2 「迷惑をかけたくない」という美徳

まさか三〇代の娘が同居していたとは

二〇一三年一一月、三一歳の女性が自宅でひっそり餓死していたというニュースが報じられた。発見されたのは、大阪市東淀川区の団地に住むNさん。彼女は、部屋の押し入れに敷かれた布団の上で、半袖、半ズボンのやせ細った姿になって、仰向けの状態で倒れていた。遺体は腐敗が進んでいたという。すでに彼女の部屋の電気やガス、水道といったライフラインは、すべてストップ。家賃も滞納し、冷蔵庫にはマヨネーズなどの空の容器しか入っていないなど、貧困にあえぐ生活だったことが窺《うかが》える。

Nさんはもともと、六〇歳代の母親と同居していて、父親の生命保険金を切り崩して生活していた。しかし、その母親が一ヵ月ほど前に脱水症状で見つかって入院。合いカギで部屋に入った親族によって、Nさんが餓死した状態で発見されたという。

実は、このNさんは、母親とともに四年前の一一月、区役所を訪問。生活保護の窓口に、生命保険金がなくなったときに生活保護を受給できるのかどうか、相談に訪れていた。ところが、担当者に「保険金がなくなったときに相談に来てほしい」などと対応されると、その後、二度と窓口に来ることはなかったという。

また、近所の住民たちも、母親と一緒に娘のNさんが同居していたことは知らず、一人暮らしだと思っていたなどと証言。事件や事故などが起きたのを機に、ひきこもる本人の存在が明らかになるという典型的な事例だった。

このケースでは、管理会社から「連絡が取れない」という通報を受けて安否確認に来た警察が、脱水症状を起こして倒れている母親をまず発見。病院からの連絡で役所も調査に入ったものの、電気やガスが止められていたことから、一人暮らしと判断されて、押し入れのある部屋まで確認しなかったらしい。

その後も、Nさんは押し入れの中で、一ヵ月余りにわたって誰にも気づかれることがなく、そのまま放置されていたことになる。

「私の置かれた状況とよく似ていて、他人事ではない」と明かすのは、心の病で働くことができず、生活保護の申請を四度目の窓口訪問で受理されたものの、結局、申請を取り下げることになった四〇歳代の当事者男性だ。

「私も団地で、母と二人暮らしです。生命保険の解約返戻金が下りたので、生活保護の申請を取り下げたのですが、そのときに担当者から〝海外旅行などで使い切って、生活保護を再申請しないように〟と言われ、すごく感じが悪かった。（亡くなった）彼女の自治体の事情はわかりませんが、命に関わる問題なのに、自治体によって温度差があるのはおかしいと思います。生活保護法の改正を再検討しても良いくらいの出来事ではないでしょうか」

Nさん親子は、一旦は役所の生活保護の窓口に出かけていって、SOSのシグナルを送っている。しかし、その後、貯金が底をついて生活に困窮しても、助けを求めなかったのはなぜなのか。

「迷惑をかけるな」という風潮

日本の「迷惑」という言葉のもつ疎外感に、原因があるのではないか——当事者たちで仕事創りを進める大阪市のNPO法人「わかもの国際支援協会」理事で、ひきこもり経験者でもある横山泰三さんは、そう指摘する。

「日本人って、誰かから相談をされたり、誰かの困りごとが自分に降りかかってきたりすると、家族でも『迷惑をかけるな』っていう風潮がありますよね」

「迷惑」という言葉のもつ響きには、日本独特の文化や美徳に根ざした意識が影響しているのだろう。しかし、そのことがかえって、コミュニケーションの大きな阻害要因になっていると横山さんは言う。

「結局、何か世間の常識とか漠然とした社会の正しさを疑わせる〝迷い惑わし〟に対して、いまの日本人は、異様な被害者意識を持ち過ぎだと思います。もとをたどると、（二〇〇四年の）イラク人質事件のときの〝自己責任論〟も同根だと思います。〝迷惑をかけるな。自己責任だ〟みたいな、寛容のなさがあるように思います」

この国では、自分が傷つけられた当事者の立場であったとしても、つらかった体験や困っていること、悩んでいることなど、そのままの思いを口にしようとするだけで、周囲から「迷惑をかけるな」というプレッシャーをかけられ、言葉を封じ込められる風潮がある。

こうして当事者が声を上げられないまま言語化されず、その場を「なかったことにされる」ことによって、解決されない事態は長期化、複雑化し、そのことが結果的に当事者や社会を不幸なものにしている。

「ひきこもり」当事者らでつくる兵庫県のＮＰＯ法人「グローバル・シップス　こうべ」代表の森下徹さんもこう話す。

「家族でも学校でも社会でも、言いたいことが言えない。人と違ったことや、ネガティブなことを言うと、すぐに否定され、排除される雰囲気がある。力のある人に都合がいい、弱い人には厳しい社会。そのことが、精神障害やひきこもりの一因のように思っています」

ひきこもる当事者やマイノリティの人たちの中には、そんな弱者が切り捨てられ、強者の大きな声がまかり通る社会に違和感を抱いている人が多い。

「弱き声を聴いてくれる場、対等な立場で対話のできる場を求めている人が多い。なのに、支援機関では社会に合わせる支援ばかり。行政の責任ももちろんありますが、Nさんのケースも周囲がもう少し関わったり、本人も周囲に助けを求めたりできれば良かったのですが。生死を分けるのは、ほんとうに小さいことかもしれません。それでも、この状況が変えられなければ、同じような悲劇は増えていきそうです。残念ながら……」（森下さん）

傷つけられ、封じ込められて消えてゆく

前出の生活保護の申請を取り下げた四〇歳代男性は、役所の窓口での体験から「自助→共助→公助」という福祉の優先順位を痛感させられたという。つまり、「自己責任」の次に「親族の扶養」、最後の最後に「生活保護」というものだ。

「生活保護を申請する人は、家族や親族との関係が悪化していたり、疎遠だったり、ＤＶの被害を受けていたりするのが現実。扶養義務の強化は時代に逆行し、貧困の連鎖を生みかねないと思います。生活保護費の削減も、無意味どころか逆効果です。社会保障の全体

を見直さないといけないのに、とりあえず文句の出ないところから削って、やったことにするのかという印象があります。私の場合、申請書類を自分で作って持っていくことができましたが、母だったら無理だったでしょう」

そもそも、電気やガスが止まった家庭には、見回りに行かなければいけないと指摘するのは、都内で発達障害などの当事者による「ネッコカフェ」を運営し、自らも当事者である金子磨矢子さん。

「ライフラインの会社は、ただ止めるだけでなく、確認する必要がある。とくに水道は最後に止まる。水がなくなったら、人は死にます。生活保護の窓口担当者も、一度相談に来た人には、気をつけなければいけない。ただ、追い返すだけではダメです。Nさんはちょうど(生活保護)バッシングが激しくなっていた影響で窓口に行けなくなったのか。前に窓口に相談に行ったとき二度と来たくないと思ったのか。三一歳で、本当に気の毒です」

事件が起こるたびに、地域に埋もれてひきこもってきた人やその家族の存在が、泡沫のように浮かび上がっては消えてゆく。

傷つけられ、封じ込められて、声を発することのできなくなった当事者たちは、世の中の空気に敏感だ。一旦、失われた言葉を再びどうやって拾い上げ、弱き者の声が届く社会の仕組みをどのように構築していけばいいのか。

働けず生活保護も受けられず

〈他人事とは思えず、メールすることにしました〉

そんな書き出しのメールを筆者にくれたのは、前出の餓死したNさんと同世代の男性Oさん。最近、役所へ生活保護の相談に行き、断られてきたばかりだという。

うつ病の治療を続けているため、仕事がなく、お金もない状態だった。

医療機関から自立支援医療を申請するようアドバイスされ、役所に手続に行ったところ、窓口の担当者から「あなただったら、生活保護も受けられる」と言われた。

〈苦しい生活ですが、生活保護の手続きは厳しいと思っていたので、なんか一筋の明かりが見えたというか、救われる思いがしました〉

Oさんはアパートで独身の妹と二人暮らし。仕事をしている妹は、結婚を夢見てアパートを出たがっていたが、兄の面倒を見るために、それも叶わない状態だった。

Oさんが窓口に相談に行くと、「次回、来るときに、妹さんと一緒に通帳類を持ってくるように」と言われた。受給するためには、賃料の問題から二人揃ってアパートを引っ越さなければならない。そこで、妹と書類を用意して再び役所を訪れた。

ところが、である。

〈今回の担当者は、上から目線の話し方で、「実家では援助できないんですか？」とか、「仕事ができないほどの病気ですか」等々言われているうちに、貧乏がこれほど恥ずかしく、世の中のお荷物なんだと実感させられ、生きていても仕方がないのではと思わされました。せめて、仕事でもできたらと、悲しくなりました〉

これ以上、どう言ったらいいのかわからなかった。難しい状況に置かれ、病気による倦怠感が出たために「早くここから脱出したい」と思い、帰ってきたという。

〈すぐにもらえると思っていたわけでもなく、嫌味を言われることは覚悟のうえでしたが、ショックでした。受け答えしているうちに、卑屈になってきます〉

その後、妹からは、「もう役所には行きたくない」と言われた。自分も、あの状態をもう一度、経験するほどの勇気が出ないという。

〈この女性（Nさん）も、引きこもり気味の方でしょうから、1人で役所の窓口に行くのは死ぬ思いだったことだと思います。本当に気力がない人は、1人では役所に行けません〉

いまもOさんは体調が良くなく、病院に通う以外、ほとんど外出できない状態だという。

〈こうしてメールができているので、まだ良いほうですが、本当にひどいときは罪悪感や周りの人に申し訳ない気持ちなどで押しつぶされそうになります。そうなると、疲れて、ただ寝ているという感じです。せめて、人並みの生活を送りたくても、今の日本では難しくなってきていることを実感しています〉

侮辱的屈辱的な答えが戻ってくるだけ

中国地方の都市のアパートで生活する五〇歳代の男性Pさんの場合、すでにライフラインが止められている。いまやかろうじて生きている状態で、Nさんのニュースを知り「この女性と同じ道をたどる可能性が高い」と感じたという。

Pさんのアパートは、ガスも水道も止められているため、トイレは外でしている。電気はまだ使えるものの、冷蔵庫や洗濯機、テレビ、家具などは一切ない。Pさんにとって、パソコンと携帯電話は、外界の情報を得て気持ちをつなぐための希望の手段。だから、切れかけた電球の灯りの分と合わせ、月に四〇〇〜五〇〇〇円の電気代だけは払い続ける。ただ、そんなパソコンに欠かせないネットと携帯電話も、いつでも使用停止になる可能性があるという。

また、食事は一日一食から一食半。スーパーの売れ残りや半額になったオニギリなどでしのぐ。飲料水も、ドラッグストアなどの洗面所で水を汲み、カセットコンロで沸かして生きつないでいる。さらに、年金にも健康保険にも加入していないため、病気になっても医療にかかることができない。

〈かろうじてアパート代を支払っていますが、来月払えるかどうか不明で、ギリギリでやっています〉

こんな状況にもかかわらず、Pさんもまた、生活保護を受けていない。なぜ受給を申請しないのか。

〈相談に行っても役所の対応に腹が立ちます。弱い者や生活困窮者に「死ね」というが如くの扱いをする。もう、こんな冷酷非情な日本になど頼ろうと思っていません。役所などとも関わりたくありません。侮辱的屈辱的答えが戻ってくるだけなので……〉

Pさんはこの月末、わずかな短期間パートの収入が入った。しかし、二ヵ月分のアパート代に消え、食費やその他の必要経費に回すことはできなかった。

〈使用していませんが、私は10年前に買った車を所持しています。これは私が現在の状況になる以前から所持していたもので、生活に困り、売ろうとしたけれど、売れなかったこともあり……（現在は）車を手放すつもりはありません。なぜならホームレスになり、寝ぐらがなくなれば、雨風を凌げなくなるからです〉

〈どうか私のような者がいることを世間一般に知らしめてください〉

「常に世の中からはじかれてきた」という疎外感

読者の方々から毎日寄せられてくるメールの大半は、ひきこもっているご本人たちからの声やＳＯＳなどだ。忙しさにかまけて、すべての方に返信しきれていないことに恐縮しつつも、一つ一つの思いに触れるたび、こういう世の中を自分も作り出していることの歯がゆさに、胸が締め付けられるように感じられる。

現実には、お金がなくて、生活の展望を描けずに絶望している人たちも少なくない。お金がなくなるということは、死を見据えることにもなりかねない問題である。

神奈川県に住む四〇代男性Ｑさんは、トータルで一五年ほどひきこもり状態にあった。

「子どもの頃から、ずっと私は（世の中の）対象外でした。高校へ進学してしまうと義務教育ではなくなり、当時はサポートやケアがなかったんです。二〇代の段階で、どこに相談していいかわからず、四〇代になったいまもまた、公的な支援対象から外れ、最後の生活保護も受けられそうもない。常に、はじかれてきたんです」

そうポツリポツリと語るＱさんも、筆者のもとにメールで思いを寄せてくれた一人だ。メールで会いたいと伝えると、人目が気にならない場所なら会ってもいいとのことで、マイカーの中で話を聞くことになった。

「金銭問題を常に抱えてきたんです。お金がないと、病院も支援機関も相手にしてくれないし、相談もできない。病院で自立支援を受けようとしても、〝うつ病じゃないから、自立支援（一割負担）は受けられない〟と言われた。こうやって歪んじゃった人間なので、どこか冷めた目で見てるんです、社会を」

中学時代に発症した「神経症」で通学が困難となり、高校を一年で退学。その後、六年間ひきこもった。

「私がひきこもった頃はバブル期だったため、親もそれなりに羽振りは良かったようです。経済的なサポートは、十分受けています。ひきこもった最初の一年くらいは、ある病院の相談機関に通っています。しかし〝この先どうしたら〟という悩みに対して、誰も導いてはくれませんでした」

自力で動こうとしては空回りの繰り返し。次第に両親からは放置状態となり、六年もの時間を棒に振った。

孤立無業

気がつくと二〇歳になっていた。しかも、バブルの崩壊によって、家庭の経済状況が悪化。「親があてにならない」という焦りが大きくなり、何の計画性もないまま、二〇代に入ってからは、十数年間もアルバイトや派遣で収入を得ていた。

「ずっと金銭で縛られてきたので、いつ切られるかもわからない中、蓄えを作っておかなければいけない。その蓄えも、親に持っていかれるかもしれないと、どこかで思っていたんです」

Qさんは、回し車の中を走るハムスターのように、それでも何とか一生懸命に頑張って働いてきた。

「それが車の足として誇れるのかというと、違うんですよね。結局、正社員ではない。ちゃんとした学校も出ていない。私の時代は、〝それは甘えだ〟〝正社員になることはできただろう？〟などと言われてきました。いまほど社員へのハードルは高くなかったと思います。ただ、僕はそこにも行けなかった……」

結局、リーマンショック後、派遣契約は更新されず終了。以来、再び「孤立無業」の状態が続いている。

「早い段階で、切られることはわかっていました。むしろ、派遣先にはすごく感謝しています。私には、一般的な就職活動の経験がありません。がむしゃらな就労を続けてきました。アルバイトは、立ち話程度の面接で採用されるようなところばかりでした」

ＩＴバブルの頃の派遣会社は、登録さえしておけば、パソコンが苦手なＱさんでも、良い仕事を斡旋してもらえたという。

「もし、履歴書の経歴が、学歴＋正社員歴だということを意味しているのであれば、いまの私の経歴には二五年近いブランクがあるということなのでしょう」

そんなQさんも、何とか人生をリセットしようと、支援機関に助けを求めて回ったことがあった。

「二～三年前、『地域若者サポートステーション』を利用したことがあります。自分が若かった頃に、こんな施設があったら……と思うと、胸が苦しくなります」

Qさんは、メディアで紹介された、ある民間のひきこもり支援団体を訪ねて行ったこともあった。決して安いとはいえない利用料金も、自分でアルバイトをして自力で貯めたお金を使い、二度ほど通ったという。

「次の面談は施設のほうから〝連絡する〟と言われていたんです。それが、それっきり、連絡が来なくて。親というスポンサーがいないので、切られたんだなと思いました。当事者の自助グループにも顔を出してみたんですけど、金銭的には困っていない人たちがやってるだけって感じで……。どこへ行っても、自分だけが当てはまらなくて」

Qさんだけでなく、お金のない当事者たちに、「常にはじかれてきた」と感じさせるような世の中の構造は、これまで私たちが作り出してきたものだ。

「三～四ヵ月後には貯金が底をつく」

振り返れば、Qさん自身も「家族からの放置」によって、ひきこもりが長期化。その後の悪循環で「もはや手の施しようがない状態に」なっていた。

「私の両親は、一言でいえば幼稚な人たちでした。社会というものに対し、高をくくったようないい加減さがありました。教育にも熱心ではなく、私にとってはあてにならない身近な大人でした」

「父親は、決して社会的地位の高い人間ではありませんでした。性格は陰湿なのですが、極度のええ格好しいでもあったため、理想と現実が嚙み合わず、常にイライラしていました。酒癖も悪く、何時間も母親に絡むさまに辟易したものです」

二〇代の前半頃、アルバイトにも慣れ、運転免許も取得した。正社員を目指してみようかと前向きだったそんな頃、父親が経済的に破綻した。

その後、父親は、親族とのトラブル、失業、アルコール依存と転がり落ちていった。

「以来、私にとって『家族』なるものは、爆弾のついた手《て》枷《かせ》足《あし》枷《かせ》でしかありません。ずっと、父親の死を願い続けてきましたが、七〇歳代のいまも健在です。共依存と思われる母

ムで紹介したところ、読者の方からの近況報告や感想などが、一日にどっと寄せられるようになった。しかも、その多くは「他人事ではないから」といった励ましやアドバイスなどで、三分の二くらいが、自宅でひきこもる当事者たちからの発信だった。

「Qさんのように働くことさえできなかった」という三〇歳代男性のRさんは、こうメールで明かす。

〈私はこの人より症状が重くて、今でもアルバイトが難しいです。けれど、負けん気が強いので、海外の宗教施設で共同生活を送ることができました。2年継続して帰国。年末に再び出国します。もう日本には、帰らないでしょうね。居場所がないですから……〉

Rさんは、〈起床時間と就寝時間が決まっている緩やかな刑務所〉のような世界で生活していくうち、日本にいては理解できない「経済発展による豊かさという虚構」が、実感として理解できるようになったという。

〈私みたいな中途半端な障害だと「働けばいい」で終わりです。私の親も育児放棄で、さらにすごくデタラメなことをして、アルバイト面接がだめになったことがあります。病院に付き添ってくれたことは一度もないです。私の親は、何もかも潰していきました。詳しくいいませんが、それが理由で、罪悪感がないんです。もし罪悪感があれば、海外行きは10年早まったでしょうね。それどころか、ひきこもることすらなかったかもしれません。

あっちへいって、うまくいかなくて、こっちでアルバイトしなければいけない、となったとき、自分が本当にアルバイトできるかどうか、分からないです。でも、はっきりとしているのは、今の日本の社会の仕組みでは、生活保護しかない、断られたら、死ぬしかない、ということだけです〉

精神的な支えとなるものが少ない

「求職活動中」という二〇歳代女性のSさんは、不登校になり、大学生のときには一人暮らしの部屋に閉じこもった経験を持つ。

〈記事のQさんの話を読み、自分と少々似ているように思えたのがメールのきっかけです。家庭環境があまり良くない所は似通っているように思います。

私は家族がとある新興宗教の熱心な信者という家庭で育ち、その宗教の学校に通って、宗教の考え方にがちがちに染められてきました。

自分のアイデンティティが確立する頃に、宗教に対して違和感を覚えましたが、その宗教を否定することは、他者から自分を否定されることを覚悟しなくてはなりません。私の周囲は、この宗教に対して万歳という人ばかりで、否定でもしようものなら全方位から糾弾されますから、違和感を覚える自分自身を否定しなくてはならない状況でした。

大学生の時に、その宗教とは無関係の大学に入り、一人暮らしをし、周りが宗教の信者だらけという状況からは脱することができました。それでも、生き辛いという感覚は抜け落ちることがありませんし、今でもその感覚をもてあましながらもがいているように思います〉

Sさんは、社会とつながっているものの、大学以前につながっていた社会は非常に偏っていたため、いまでも他人を信用することが非常に難しく感じるという。

〈「安全基地」を体験してこなかったことに、原因があるのかもしれません。ただ、思うのは、ひきこもりである方の多くは本当に信頼の置ける相手、安心できる相手を持っていないように思います。そんな相手を作るのは、ひきこもりを経験されていない方でも難しいでしょうが、安心と安全が保障される場所というのが本当にないのです。

ひきこもっている場所では、束の間のそれを得ることはできますが、それは束の間のものであるということ、世間からは、もしくは自分自身が一番認めてほしい相手からは認められないものだということを、差はあれども、重々承知している。そのために、罪悪感に苦しむ人も多いのではないかと感じます。

何をどうすればよいのか、具体的なものが思いつかないので心苦しい限りですが、安心できる空間があるかどうかは、ひきこもりの経験をするか否か、ひきこもりから立ち直れるか否かの大きな分かれ目になるようにも思います〉

かつての学生運動が華やかなりし頃は、大学のキャンパスやその周辺の街には、学生や市民が手と手を取り合うフランスデモが繰り広げられ、バリケードの中ではコミューンのような〝解放区〟が築かれていた。

学生運動が内ゲバやリンチなどによって急速に支持を失っていった後、社会へのアンチテーゼの受け皿としての機能を引き継いでいったものは、もしかしたらオウムのような反社会的宗教団体だったのかもしれない。

くしくも、ひきこもりという言葉が顕在化し始めたのは、オウムが摘発されていく一九九〇年代後半頃からだ。

〈私には承認欲求が強くあります。あなたは間違っていない、あなたは正しい、よく頑張ったと認めてほしいのです。否定をされたくないのです〉

誰かの役に立って「いいね！」と言ってもらいたいのに、思いを共有できる仲間がいない。いまの社会で自分の役割は何なのか。そんなモヤモヤとした喪失感を埋めることができない。Sさんは、こう続ける。

〈枠組みとしてのセーフティネットはそれなりにあっても、精神的な支えとなるものが、日本にはいささか少ないように思います〉

3 「家の恥」という意識

貧困・ひきこもり・孤立死

作家の永井荷風は、ひきこもりがちだった自宅の畳の上で、ひっそり亡くなっているところを発見されたという。永井には晩年、自宅を訪ねてくる人に「本人はいません」などと門前払いしていたというエピソードも残されているが、まさに、周囲が気づかないまま亡くなる「孤立死」の先駆者だったともいえる。

二〇一三年に入ると、東京都立川市や横浜市、さいたま市、さらには原発の旧緊急時避難準備区域の福島県南相馬市でも、「孤立死」が相次いで見つかった。

しかし、永井のように孤独のまま放っておいてほしいという人もいる一方で、「死にたくない」「生活ができない」「どこに相談すればいいのかわからない」と、助けを求めている人たちの声は切実だ。

二〇一四年三月の寒い朝、天涯孤独の状況にあった四〇歳代男性のTさんが、ひっそりと亡くなった。発見したのは彼の支援者で、死後数時間が経っていた。死因は「心筋梗塞ではないか」とみられている。

長年、どこにも相談することなく、医療にもつながらない。子どもの頃からそんな家族のネグレクト（放棄）状態に置かれた末の悲劇を、筆者はこれまでも見てきた。Tさんの場合も、家族とは音信不通で頼る身寄りがなく、仕事もないまま貧困にあえいでいたという。そういう意味でTさんは、この社会からのネグレクト状態にあったと言えるのかもしれない。

Tさんが生まれたのは東京だった。きょうだいは姉が一人。夫婦仲が悪かった両親は、Tさんが小学生のときに離婚し、Tさんは父親に、姉は母親にそれぞれ引き取られた。高校を卒業後、出版取次会社などに勤務した後、自営で働いていたものの、不況とともに仕事が減少。ここ数年は、仕事がなかったという。

父親は再婚後、病気で倒れ、所在不明になった。やがて、母親や姉とも音信不通になり、住居を失った。

ひきこもる当事者を抱える家族は「家の恥だから」と、本人の存在を長年にわたり隠し続けていることが多い。ところが、親の死去や家族離別といった様々な事情から、ある日、ひとりになって社会に放り出されたときに、自ら情報収集するか、誰かとつながることができなければ、本人には生活していくためのノウハウなどわからない。

しかも、そういうタイプの人たちほど、これまで述べてきたように「他の人に（社会に）迷惑をかけたくないから」というやさしい心の持ち主である傾向が強い。その結果、彼らの多くは、社会に出る機会があっても、自ら摘んでしまっているのである。

都会の会社を辞めて実家に帰ったものの

「孤立死は、他人事とは思えない」

こう明かすのは、ある地方都市の実家で、両親と三人で暮らしている四〇歳代男性のUさん。一時、豊かな山の自然を切り開いて、宅地開発が進められたこの地域でも、いまは所々に空き家や空き地が広がる。駅前の商店街も櫛《くし》の歯が欠けたようにシャッター通りと化していて、かつての活気は見られない。

Uさんは大学を卒業後、都会で会社員生活を送っていた。ところが、夜遊びしているわけでもないのに、勤務中にウトウトと眠くなる日々が続き、ついには体調を崩して退職。バブル崩壊後の雇用環境の悪化によって、その後の再就職もうまく行かず、やがてこの故郷の実家に戻った。

少子化が進んだ今、年老いた親の介護のため、一旦、都会の仕事を辞めて郷里の実家に帰る人たちも少なくない。しかし、これまで述べてきたように、四〇歳を過ぎると就職のハードルは一気に高くなる。

体調不良で退職したUさんが暮らす地方の町にも、なかなか仕事はない。帰郷して二ヵ月ほどの間に、Uさんはアルバイトの求人に三件応募した。その中に、観光施設で飼育する動物の世話や清掃などを行うアルバイトがあった。もともと、動物の好きなUさん。実家でもずっと動物を飼ってきて、いまも猫と一緒に暮らしている。

「年齢制限もなかったし。僕にとっていちばんできそうな仕事だと思っていたんですけど」

しかし、面接に行く前の書類選考で落とされた。

「これでダメだったら、もうキツイのかなって」

他の二件については、不採用の返事すら来なかった。

「このままでは、家族と共倒れになる。そうなると、テレビでよくやっている〝孤立死〟が、現実に僕の家族の未来の姿に重なって見えてきて、何とかしなきゃいけないって、ますますあせるんです」

なかなか仕事に就くことができないまま、気づいたら社会とのつながりもすべて喪失。以来、近隣の目が気になるようになり、一五年の歳月が流れ、実家で暮らす両親とともに先行きの見えない生活困窮の中、日々喘ぎ続けている。

「いちばんの悩みはお金がないこと」

Uさん一家の収入は現在、母親の年金のみで、月に八万円ほどだ。しかし、母親は三枚のクレジットカードからのキャッシングの返済のため、次のカードの支払いに追われている状態。支払日に払えなければ、どんどん利子が増えるだけでなく、カード会社の信用情報も悪くなる。

Uさんの母親は、こう説明する。

「以前は、キャッシングの限度額が三枚とも数十万円ずつありました。枠いっぱいに借りれば、三枚で百数十万円借りられたのです。ところが、貸金業法の改正によって、融資の限度額が年間収入の三分の一までに制限がついたんです」

父親はすでに、カードで事故を起こし、借りられない状態にあった。大手企業に勤めていた父親は、退職金を株取引に注ぎ込んだあげく、多大な借金を背負いこんでしまったのだという。

Uさんの一家は、数年前まで暮らしていた自宅の土地を売却。そのときの貯金を切り崩して生活してきた。つまり、カードでキャッシングすることもなかったのである。

ところが、生きていくために必要な生活費がにっちもさっちもいかなくなり、借金を始めた。

「カードを使い始めたときは、カード会社も把握できなかったのか、限度額を超えて借りてしまったんです。その後、限度額を超えているとのお知らせが次々に来て、一斉に融資可能額がゼロになってしまいました。いまは三枚のリボ払い分を返済するだけで、ひいひい状態です。私は国民年金なので、年収はせいぜい九〇万円。そこから容赦なく健康保険や介護保険料、光熱費なども取られて。私も、もうくたびれました」

現在、現金は家にまったくない。生活保護を申請しようにも、年金暮らしの親と同居している限り、難しい。Uさんが独立して、住所を獲得しない限り、申請することができないという。食料や生活のための最低限の買い物は、カードが使える店でショッピング。綱渡りのような生活を続けている。

都会へ仕事を探しに行きたくても、もはやその交通費さえままならないUさんは、すでに四〇歳を超えており、国が定める支援のセーフティネットから外れている。実家から最寄りの公的な支援機関の窓口にも相談に行った。最寄りといっても、バスと列車を乗り継いで、片道だけで一〇〇〇円以上もかかる。

「いちばんの悩みは、お金がないことなんです」

Uさんが自立するためのノウハウを担当者に聞くと、返ってきたのは、「それは仕事を見つけて、働かないと、ダメですね」という、他人事みたいな一般論——。

ああ、言わなければ良かったと、Uさんは振り返る。

「そこまでしか行かない電車みたいなものだ」

終着駅から先には線路がないんだから仕方がないと、自分を納得させるしかなかった。

家族ごと地域の中に埋没していく

家族とともに古びた民家を借りて住んでいるUさんの地域では、近所付き合いがほとんどない。隣の住宅まで適度に離れている。

「年がら年中、年老いた親と一緒に家にいたら、おかしくもなります」

「家の中にまったく逃げ場がありません。僕も、（親を殺害するような）事件の被疑者になるのではと思ったことが何度もあるんです」

だから、Uさんは狭くても一人で生活できるような住居を探しているという。

「精神的にも相当参っています。家の中で、そういう話をするわけにもいかない。お金がないという話をこうやって外部にお話しするのも、家族は嫌がるんです」

ここまで追い詰められていながらも、この期に及んでなお、恥ずかしがって身動きとれずにいるのは、Uさんの家族だけの話ではない。

先ほど指摘した通り、地方へ行けば行くほど、ひきこもりも貧困も「家の恥」だと思い込んで隠し続ける傾向は強い。困ったことがあっても、なかなか周囲に「助けて」と言えない。近所や友人にも隠すことが多いから、家族ごと、地域の中に埋没していく。わざわざ知らない隣の町へ出かけていって見知らぬ相手に相談したり、遠い町の相談機関に電話したりすることは、日本ではよくあることだ。

「うちには固定電話がない。クレジットカードが止められたら、携帯もつながらなくなり、連絡がとれなくなる。携帯がなくなってしまうと、周囲からますます孤立する。だから、あせっているんです」

長期にわたるひきこもり状態によって、これからどのように生活していけばいいのか。制度の谷間にこぼれ落ちた人たちのセーフティネットをどう構築していくべきなのか。本当に助けを求めている弱者に、余裕のある人たちがいかに手を差し伸べ、支えることができるのだろうか。

二〇一四年四月五日、都内アパートの一室で木炭を燃やし、八〇歳の母親を一酸化炭素中毒で殺害したとして、東京都墨田区に住む四五歳無職の次男が逮捕された。この男性は警察の調べに対して、「無理心中しようとしたが、自分は外に出て死にきれなかった」と供述しているという。新聞報道によれば、容疑者の次男には、五〇歳代の会社員の兄がおり、次男は兄とともに母親の介護をしていたが、事件当時、兄は仕事のために外出中だったという。Uさんがこう顔を曇らせる。

「この息子さんは、ひきこもっていたのかどうかわかりませんが、社会との接点がまったくなかったから、無理心中などという道を選択するしかなかったのかもしれません。僕も、相談する相手が誰もいなくて、そのような状況に追い詰められていたら同じようにして親と一緒に心中していた可能性は大です」

こうした心中事件などの悲劇が起こるたび、まるでパンドラの箱がパカッと開くように、水面下に見えなかったものが、あるとき突然、噴出して、地獄の底が顔をのぞかせる。

「家の恥」だからといって、誰に相談すればいいのかわからず、黙っていれば誰も助けてくれない――個々が地域から孤立していく「無縁化」の実態だ。

七〇歳の父親が息子の将来を悲観して殺害

〝老老介護社会〟へと向かう日本の歪みが、顕著になりつつある。長期化・高年齢化する

「ひきこもり」当事者を年老いた親が養い続ける、そんな先行きの見えない家族の未来を暗示するような悲劇も起きている。

二〇年以上ひきこもっていた四四歳の長男が、広島県福山市の自宅で、七〇歳の父親によって殺害されたのだ。いったいなぜ、悲劇を未然に防ぐことができなかったのか。事件が起きた現場は、JR福山駅から四キロほど離れた住宅地にあり、長男はこの自宅で一人暮らしをしていた。報道によれば、二〇一三年一一月二九日午後五時半ごろ、父親はベッドの上で長男の首を絞めて殺害。一階居間の布団の中に運んだとされる。

父親は一二月二日午後三時頃、「息子を殺した」と、妻に付き添われて福山西警察署に自首。警察が長男の自宅に駆けつけると、遺体は布団の上にあおむけで手を合わせる形で寝かされ、体に毛布、顔には白い布がかけられていた。

「息子から〝殺してくれ〟と頼まれた」

「自分も年を取り、息子の将来を悲観して殺した」

警察は、こう供述する父親を殺人の疑いで逮捕。長男の首にはロープのようなものを巻かれた痕があったという。

長男は、一〇代の頃に体調を崩し、高校を中退。何とか大検を受けて大学に入学したものの、中退してからは再び自宅にひきこもりがちになった。

両親は一〇年ほど前、長男と別居。以来、母親が毎日のように訪れて、食事などの世話をしてきたという。

もちろん家族内の状況や事情など、周囲には窺い知ることはできない。しかも、近所の住民は、二〇年以上にわたって長男の姿を見かけたことがないと報道で語っている。ひきこもり状態が長期化し、固まってしまった本人の心のひだに触れることなど、よほどの理解者でもない限り、至難の業だ。

こうした家族に人脈や社会とのつながりがあり、別の選択肢があるという情報さえ得られていれば、ここまで追い詰められることもなかったかもしれない。同じような状況に悩む家族会や、安心できる当事者の交流の場に出かけて、情報の交換や共有を行うだけでも、それは十分だろう。

最近、自治体の中でも、生活困窮化や高年齢化という現実に即し、新たなひきこもり支援のあり方を模索する動きが始まっている。これまでの青少年課マターの若年者就労支援中心から、福祉部署などとのネットワークによって、すべての年齢に対応していこうというような流れだ。

支援のあり方については、当事者から「深刻な状況に陥りながら、公的な目的のハードルに合わせられないため、支援が受けられない」などと、たくさんの体験談や感想が寄せられてくる。

ただ、せっかく事態を打開しようと勇気を出して相談に訪れているのに、支援者側の設計思想に合わないからと冷たくされ、やがて声もかからなくなって置き去りにされる現状があるのだとしたら、意欲のある当事者さえも傷つけ、あきらめの境地へと追いやることにもなる。行政としても、働いてもらいたいと思っているはずである。支援の仕組みを見直さなければ、ひきこもる息子を父親が殺すような悲劇を地域で防ぐことはできない。

大切なのは、ひきこもる当事者がいま何に困っていて、どうしたいと思っているのか。周囲が、本人の抱える課題に向き合い、社会につながる将来への道筋を一緒に考えていくことである。

「消えた高齢者」とひきこもりの共通点

一方で、東日本大震災前くらいからクローズアップされるようになったのが、親の死後、残された子どもが今後の生活に困って、親の死を隠したまま、そっと年金を受け取り続ける、そんな「消えた高齢者」の問題だ。

東京都足立区。一一一歳とされる男性が白骨化した遺体で見つかった家庭では、雨戸を閉め切った二階建て住宅に四人の中高年が生活。男性が生存しているように装い、九〇〇万円以上の遺族共済年金を受給していたとして、八一歳の長女と五三歳の孫が詐欺容疑で逮捕されるという事件が起きた。

大阪府和泉市では、生存していれば九一歳になる元銀行員男性の遺体が、死後五年ほど経って、民家の洋服ダンスから見つかっている。同居していた「無職」の長女は、その間も、一八〇万円余りの厚生年金を受給していたとして逮捕された。

筆者が取材をすると、道端で会っても腕で顔を覆い隠し、夜になると庭の掃き掃除を始め、住民がゴミを出しに行くと家の中に走り去っていく長女の姿が、近隣住民に目撃されていた。

「対人恐怖症なのではないか」

住民は、長女のことをそう思っていたという。

こうした「消えた高齢者」問題とひきこもりが共通しているのは、誰に相談すればいいのかわからず、黙っていれば誰も助けてくれない中で個々が地域から孤立していく「無縁化」の実態である。

ひきこもりの人たちの多くは、働きたくても体が動かない、どうすればいいのかわからないなどの理由で働くことができない。そして、不安や対人緊張などから、なかなか社会に出られずにいるが、事実上放置されたまま、高年齢化、長期化が進む。

しかし、指摘してきたように、内閣府のひきこもり実態調査では三九歳までのデータしか採っていないため、全国的な四〇歳以上の「ひきこもり」の実態についてはいまも全体像が明らかにされていない。

さまざまな事情で社会から離脱し、ひきこもり生活を送る人たちの多くは、妻（夫）がいた場合でも愛想を尽かされたりしていて、結果的に親元で同居している。

そんな彼らにインタビューすると、親も定年やリストラなどによって会社を退職。すでに年老いた親は年金生活に入っていて、本来なら現役世代のはずの人たちが働くことのできないまま、収入の多くを親の年金に頼っているというのが現実だ。

「親には生きていてもらわないと困る。年金の収入がなくなってしまうから」

ある四〇歳代のひきこもり当事者は、そう漏らしていた。

家族は、そんな彼らの存在に対して「恥ずかしい」という思いもあるのだろう。地域の中で知られないよう、こっそり隠そうとするために、家族そのものが地域から離脱していく。誰にも相談できないし、黙っていると誰も助けてくれない。そして、その家族さえも関係が崩壊していることが多い。

家族も個々も地域の中で孤立している。「消えた高齢者」の問題と「ひきこもり」の問題は、根っこが同じなのではないか。

メディア関係者が数多く参加するパーティでそんな話をしたところ、その後、二〇一〇年九月一日付毎日新聞の『発信箱』で、パーティの場にいた社会部の滝野隆浩記者が「親たちの嘆息」と題してこう綴っていた。

「50歳代後半から70歳に手の届く人たちが、いまだにわが子の将来を案じているのだ。『私が死んだら……』」

ちなみに、滝野記者の記事に対して、当事者や親から涙ながらの手紙が寄せられるなど、かなりの反響があったらしい。

「ひきこもり」という問題は、リーマンショック以降の貧困問題ともリンクしていて、社会的なすそ野が広い。以前にも触れた〝孤立死〟の話にもつながっている。

「元気な人でさえ、なかなか社会や人とつながりをつくっていけない時代なのに、人間関係がもともと苦手な人で、一旦社会から離脱した人がもう一度社会に戻るには、大きな壁がある。消えた高齢者の話も、人がつながっていけないところでは、同じだと思いますね」

あるひきこもり当事者も、そう口にする。

報道によると、厚労省が八五歳以上の年金受給者七七〇人を無作為抽出でサンプル調査したところ、すでに死亡しているか行方不明の可能性があるなど、生存確認できない人たち計二三人に、年金が支給されていたという。単純に換算すると、全国で推計約八〇〇人の生存確認できない人に対し年金が支給されていることになる。

しかし、こうしたケースは、氷山の一角であろうことは推測できる。また、将来、増えることも予想される。

地域で誰かとつながっていれば、ここまで追い詰められずに済んだかもしれない。裏を返せば、このような家族に対するセーフティネットが何も機能していなかったということの表れでもある。

生活保護は、家族と同居していたり、持ち家に住んでいたりすると、受けることができない。実家から追い出された当事者が、やっとの思いで生活保護を申請したら、家族によって「援助するから受給の必要はない」と申請を取り下げられたケースもあるという。身内から生活保護受給者を出したくないという家族の「妨害行動」だったのかもしれない。

地域共同体が崩壊したいま、古い時代に前提としていた社会の仕組みそのものを見直すべきときに来ている。

さまざまな理由から「世間」を恐れ、孤立した個々が、再び社会とつながっていくためには、どうすればよいのか。

高度経済成長期のように、皆で大きな夢を見ていこうという時代は、とっくに終わっていた。いまから考えてみれば、廃止された厚労省の「若者自立塾」事業のような集団生活スタイルも、ひと昔前の発想だったのかもしれない。

次々に明るみに出る「所在不明高齢者」の問題も、数多く生み出され続ける「ひきこもり」の背景も、社会的弱者が追い詰められるこの国の制度の欠陥を微妙に投影したものだ。

今後、地域共同体に代わる、個々が社会とつながるための新しいコミュニティのあり方をどう構築すればいいのか。次ページからの「4　医学的見地からの原因分析」のあとの第三章では、その新たな取り組みの数々を紹介しているので、興味のある読者は先に第三章を読み進めていただければと思う。

4　医学的見地からの原因分析

トラウマとひきこもり

ひきこもりと呼ばれている圧倒的多くの中核層は、声を上げる余力がなく、姿を見せない人たちだ。ひきこもっている人たちの状況はさまざまだが、その背景を丁寧に探っていくと、過去のトラウマ（心的外傷）を抱えたまま、心を閉ざし続けているようなケースも少なくない。トラウマの症状には、ＰＴＳＤ（心的外傷後ストレス障害）のほか、解離症状、抑うつ症状などもある。

一般的に、私たちが接することができるひきこもり当事者というのは、体調が少し回復して、ひきこもる状態から社会に向かって動き始めたり、声を上げたりできる段階の人たちだ。多くのトラウマは、見えなくなり、語られなくなって、埋もれていく。時間の経過とともに、トラウマの影響は複雑化し、症状との因果関係がわかりにくくなってしまう。

精神科医師で一橋大学大学院社会学研究科の宮地尚子教授（医療人類学）は著書『トラウマ』（岩波新書）の中で、このような「埋もれていくトラウマ」と支援者の関係性について、「環状島」という独自に生み出したモデルでわかりやすく紹介している。

同書によると、環状島とは真ん中に沈黙の〈内海〉がある、ドーナツ型の島のことだ。トラウマを巡る語りや表象は、中空構造をしている。トラウマが重ければ、それは沈黙の海に消えていきやすい。内海では自殺などで死に至ることもあるし、生き延びたとしても、二次障害で精神疾患などを患って語れなくなることもある。また、環状島の〈内斜面〉には、生き延びた被害者のうち、声を上げたり姿を見せたりできる人がいる。社会に向かって意欲を持ち始めた人たちも、この中に含まれる。

一方、〈外斜面〉にいる支援者は、〈尾根〉を越えて内斜面に入っても、沈黙の内海には飛び込めない。現場に入っていかざるを得ない支援者もいるが、惨状を目にして自分が被災することもある。

支援の側に回る被害者は、内斜面と外斜面を行ったり来たりする。どちらの側の事情もわかる一方で、双方の〈重力〉や〈風〉にさらされやすい。

筆者の場合、当事者の心性を多少理解できるから、内斜面の波打ち際までは行くことができるし、内海から出てきた当事者から、時々、声をかけられることもある。ところが、当事者の気持ちを想像できない支援者の多くは尾根から内斜面に降りることなく、内海を見下ろすだけ。そんな上から目線だから、当事者とのミスマッチが起こりやすい。

〈外海〉には、傍観者や出来事を知らない人や、関心のない人がいる。尾根の向こうは見ることができないし、見て見ぬふりをすることもある。

「環状島モデルの内海には、たくさんの人たちが沈んでいます。表面的にPTSDの症状として顕在化してくるのは、内海の波打ち際や内斜面の低い辺りからです」

そう説明する宮地教授は、この環状島モデルをつくるにあたって「ひきこもり」という状態のことを想定したわけではない。ただ、筆者にはこのモデルがひきこもる人たちの関係性にも見事に合致しているように思えた。

つまり、外海にいる人たちは、沈黙の内海にいる人たちの声を聴くことはできない。しかし、内斜面に登ってきた当事者たちを通じて、私たちは内海での日々の思いを学ぶことができるし、それらの声を社会へと届けることもできる。

内海の水位が上がっている時代

同書には、四〇代女性の瑞穂さん（仮名）の事例が紹介されている。彼女は三〇代のとき、付き合い始めた男性に監禁され、一年近く、殴る蹴るの暴力を振るわれ、ナイフを首に突きつけられて性的強要が繰り返されたという。

瑞穂さんは、現場から何とか逃れて解放されて以降、一〇年以上、基本的にひきこもって、家にずっといる状態が続いている。他人と少しでも身体が触れると震え上がり、電車も人混みが怖い。だから、彼女が外出するのは、どうしても外に出なければいけない用事があるときだけに抑えられてきた。

また、仕事に就くことができないため、瑞穂さんは自分のことを「ごくつぶし」「生きている価値はない」と言う。しかし、「できる限り迷惑をかけたくない」「家族が悲しむから死ぬわけにもいかない」と、死ぬことを何とか思い留まっている状況だ。

そのように、彼女は最低限、命だけをつないできた。同じように、社会的に存在していないかのように生きている人は、水面下に数多くいることだろう。

「被害者は、事件が起きた直後から三年くらいは気遣われると思いますが、その後も長い人生を生きる。そうした生きづらさへの対処の仕方の一つが、ひきこもりという状態なのではないでしょうか」

そう宮地教授は、指摘する。

「それ以上の傷を受けるのを防ぎたいし、最低限、人に迷惑をかけたくない。できる限り経済的な負担をかけたくないことなども、ひきこもりという対処の仕方に含まれているのだと思います」

せっかく外界に出てきて、何とか支援者の力も借りたりして仕事に就けるようになったとしても、いきなりの変化に自分のペースを合わせられず、無理しすぎたり、疲れてしまったりして再び体調を崩し、また自己の世界に戻ってしまうことはよくある。

だから、本質的な問題を解決していくうえで向き合わなければいけないのは、こうしたひきこもる人たちの背景に隠されたトラウマだ。そして、その後の長い人生を生きる彼らに、ずっとそばで関わり続けていくことが大事なのだろう。

こうした心の傷に、周囲はどのように向き合っていくのがいいのだろうか。

「環状島モデルを使うとすれば、内海の〈水位〉を下げることしかない。そのためには、社会全体が変わる必要がある。ただ、いまの社会は、逆に水位がどんどん上がっている時代。その中で支援する側も、燃え尽きて疲れ果ててしまう。徒労感、無力感に引き込まれている感じがしますね」（宮地教授）

とはいえ、この沈黙の内海の問題は、自分たちが生きるいまの時代の話。当事者や家族でなくても、他人事ではなく明日は我が身の課題である。

まず何から始めればいいかというと、小さなところから声をかけ合い、やさしくし合うことが大切だ。そのためには、従来の支援する側と支援される側の関係性を見直していくことも必要だ。

「やはり当事者でなければ、わからないことが多い。安全な場所で当事者同士がつながれる場をもっと増やすことが大事ですし、元ひきこもりの人たちが、もっと声を出して、もっと活動できるようになるといいと思いますね」

宮地教授が詳しい依存症についても、上下関係の治療では良くならないことが明らかになったという。また、当事者同士が語ることで回復していく流れもわかってきている。このプロセスは、ひきこもり状態からの脱却を求める人たちにとっても同じだ。

しかし、診察室を訪れる当事者には男女差があって、女性は語ろうとするのに対し、男性はあまり語らないという。

「男性の場合、お互いに弱音を吐き、弱みを見せ合うような関係性を持てない人が多い。一人だと、グルグル回って余計に怖くなる悪循環に陥る。少しでも誰かとつながって、安心できる場で弱さを一通り話したうえ、わかってもらえたという感覚があると、次に進む気になることができます」

一方で、家族も、本人がひきこもっている状況をひた隠しにしているケースが実に多い。しかし、ずっと隠し続けていけばいくほど、それ自体がまた膿になる。家族は家族同士でつながっていくことが、とても大事だ。

「傷つきやすさや強烈な恥の感覚を減らしていく。そのためには、『実はひきこもる人たちはたくさんいる』と伝えるだけでも、そんなに自分は特別な存在ではなく、誰でもなり得るということがわかる。自助的な動きを作っていくうえで、役に立つかなという気もします」

生命力を取り戻すカギ

いずれにしても、長年、筆者がひきこもりの世界を見てきて思うのは、「大きな出口はない」ということ。だから、小さな風穴を開ける作業を積み重ねていくような、お互いに気の遠くなる忍耐力も必要なのだろう。

自分の弱い部分を語り始めたとき、ひきこもり当事者の中では何が起きているのか。

「誰もが弱い部分をカバーして生きているし、弱さがなければ人間ではない。ただ、未消化なものがあまりに大きいと、防衛反応が変な形で出てきて、攻撃的になったり、支援を払いのけたりする。その未消化部分を出して弱さを語っているときは、脆弱《ぜいじゃく》な状況にあるから、受け入れてもらえたか受け入れてもらえなかったかで、大きな変化が起きる時期なんだと思います。それを周りがどうキャッチすればいいかは、簡単にマニュアル化できない。一年後良くても、五年後に悪化するかもしれないし、その逆もある。ただ、もう少し波風を立ててもいいかもしれません。そっとしておく対応の究極のカタチが、ひきこもり

なのかもしれない」（宮地教授）

波風を立てるにあたって、本人が言語化できない場合、周りはどのように対応するのがいいのだろうか。

「アートは一つの重要な方法だろう」と、宮地教授は提案する。

「アートまでいかなくても、一緒に何かモノをつくるとか、一緒に歩くとか、神社巡り、お遍路さんのようなことも一つの重要な回復のあり方だと思う。安全な形で外界につながることは、とても有効。歩く場所が決まっているから、精神的負荷も少なくて済む。動植物のような生命と関わることも、生命力を取り戻すカギになるだろう」

ＰＴＳＤやトラウマに対する社会の捉え方には、〝見えないもの〟〝語られないもの〟をなかったことにして、消してしまおうという作用が働いている。でも、その「語られないものが、最も大事なんだと伝えたいし、関わる人はそれを知っていることで整理できる」と宮地教授は説明する。

「世の中は白黒はっきりさせる議論をする人のほうがウケる。でも、歯切れの悪いものが本質でリアル。みんな、そういう複雑な現実を生きている。（白黒つけるのは）無理だけど、関わってきた当事者の方々の、ある種の媒介者には誰でもなれるのかもしれない」

ＡＤＨＤとひきこもり

近年、ひきこもり状態の背景にあるものとして、脳の機能に偏りがある「大人の発達障害」との因果関係も指摘されるようになった。中でも注目されているのが、「発達障害」の一つである「大人のＡＤＨＤ」という診断名だ。

ＡＤＨＤとは、注意欠陥多動性障害（Attention Deficit Hyperactivity Disorder）の略称。主な症状としては、「細かいことに注意がいかず、仕事や家事がずさんになる」「会議や会話、長い文章を読むことに集中し続けることが難しい」といった不注意や、「途中で相手の話を遮って話し始めてしまう」「話すことに夢中で聞くことを忘れてしまう」といった衝動性、「落ち着きがなく、じっとしているのが苦手」「しゃべり過ぎる」といった多動性が挙げられている。

同じＡＤＨＤの症状の中にも、不注意だけの人もいれば、衝動性・多動性だけが目立つ人もいる。また、三つの症状が混合する人もいるという。

大人のＡＤＨＤに詳しい北海道大学大学院医学研究科の齊藤卓弥特任教授（児童思春期精神医学講座）は、「ひきこもり状態の方の中にも、ＡＤＨＤの症状は多くみられる」と指摘する。これまでは子どもの疾患であり、大人になると自然に良くなると思われていた。ところが、むしろ大人になって対人関係や職場、環境コントロールの問題などで、さまざまな困難が深刻化してくるのが現実だという。

「たとえば、周囲から不注意で怒られてばかりいると、自分に対する自信がもてなくなる。忘れ物が多いなどと言われ続けていると、対人関係がきちんと作れなくなる。低い自己価値が根付いて、ささいなことを言われてすぐカーッとなったり、家族をつくるのにも困難を抱えたり、職場の中で仲間を信頼することができなくなったりする」(齊藤教授)

二〇〇七年のWHOの調査によれば、大人のADHDの世界的有病率は、平均三・四%。ちなみに、齊藤教授らの研究チームが行った日本の大人のADHDの有病率は、「少なく見積もっても一・六五%」としていて、世界的平均からみても「水面下には、日本でも三〇〇万人くらい埋もれているだろう」と推計する。

ある二六歳の女性は、子どもの頃からトラブルがあった。ただ、家庭で保護され、充実した大学時代を送り、教員になりたいという夢も実現。卒業後、高校教師として就職できた。ところが、自分で担任を持つとだんだん子どもたちが荒れてきて、授業ができなくなった。学校の配慮により、補助教員が配置されたものの、自分は教師として適性がないと考えるようになり、一学期で退職。夏休みは予備校で働いたものの、結局辞めてしまう。

その後、うつ病の治療を続けることで、日常生活を送れるようになった。ただ、担当医が小さいときからの様子を聞くと、集中するのが困難だったり、いろいろなことをオーガナイズすることが下手だったりしたことがわかり、ＡＤＨＤの評価を受けに齊藤教授のもとへ来たという。高校・大学時代には症状がまったく目立たなかったのに、大人になって働くようになり、負担が増えたことで事例化してしまったケースだ。

ＡＤＨＤの症状が大人に及ぼす影響について、齊藤教授は次のようなことを挙げる。教育や雇用にかかわるものについては、学業が続けられないことによる退学、本来持っている能力に見合わない職業しか選択できない、遅刻や早退が増える、しばしば期限に間に合わないことなどにより、就労が不安定になって、就労を継続していくことが難しくなる――などだ。

また、社会活動にかかわるものについては、人間関係の構築の困難、すぐにカッとなる、不十分な社会スキル、乏しい金銭感覚による過剰な債務、アルコールや非合法薬物などへの依存、といった問題だ。

さらに、家族や家庭生活にかかわる問題としても、情緒的なコントロールができず、家庭内でトラブルが起きやすくなる、兄弟げんかが多くなる、世代を超えてＡＤＨＤがつながっていく、ということが報告されている。

診断基準

そんな中、大人のADHDへの「待望の薬」として当事者たちから期待されていた「コンサータ」(ヤンセンファーマ社)が、二〇一三年一二月二〇日に承認された。

コンサータの正式名称は、メチルフェニデート塩酸塩。ドーパミンの再取り込みを防ぐことによって、不注意、衝動性、多動性などの症状を抑える。一回一八mgの徐放剤により、その効果は約一二時間持続するという。

ただし、大人のADHDと診断された人のうち、コンサータを使って効果があるのは「我々の印象では、ストラテラ(同じく薬物療法として承認されたアトモキセチン塩酸塩)とともに、五割から六割くらいではないか」(齊藤教授)としている。

大人の発達障害でも、ASD(自閉症スペクトラム障害/後述)など、ADHD以外の診断だった場合には適用外になるという。ADHDの診断基準についてはWHOがつくった簡易版スクリーニングがあり、自ら目安を確認することができる。

調査方法は、以下の六項目について、全くない1、めったにない2、時々3、頻繁4、非常に頻繁5、で回答していくものだ。

① 物事を行うにあたって、難関は乗り越えたのに、最後の詳細をまとめて仕上げるのが困難だったことが、どのくらいの頻度でありましたか

② 計画性を要する仕事を行う際に、作業を順序立てるのが困難だったことが、どのくらいの頻度でありましたか

③ 約束や用事を忘れたことが、どのくらいの頻度でありましたか

④ じっくり考えなければならない作業がある際に、その作業に取りかかるのを避けたり遅らせようとしたりしたことが、どのくらいの頻度でありましたか

⑤ 長時間座っていなければならない時に、手足を揺すったり身もだえしたりしたことが、どのくらいの頻度でありましたか

⑥ まるでモーターに動かされているように、異常に活動的だったり、何かしなければいけないという衝動に駆られたりしたことが、どのくらいの頻度でありましたか

齊藤教授によれば、①〜③は3以上、④〜⑥は4以上へのチェックを一点と数え、合計で四点以上チェックが入った場合はADHDの可能性があり、専門家による評価をすすめる基準として使われているという。

とはいえ、日本ではまだ、発達障害に対する診断法が確立していないという課題が残されている。大人の発達障害を診断する医療機関は少しずつ増えてきた。しかし、適切に診断できる医師がまだ少なく、一部の医療機関に予約が殺到する状況がいまも続いている。

強迫症状と依存症

そんな大人の発達障害の人たちの中にも、強迫症状や依存症に悩む人たちが少なくない。

当事者たちが「脱ひきこもり」して、自ら生活する術を身に付けるために、周囲はどう支援していけばいいのか——。二〇一三年九月一三日、東京都世田谷区主催の『発達障害の支援のあり方を考えるシンポジウム』が、区内の成城ホールで開かれた。その第一部「脱ひきこもり！　ゆるサバイバル術」のパネルディスカッションの中で、こうした話題が取り上げられた。

パネリストを務めた発達障害当事者の家族であり、ＮＰＯ法人「東京都自閉症協会」理事長の今井忠氏がこの問題に取り組み始めたきっかけは、長い間勤めた製造業の会社で、在職中、管理職としてマネジメントの任に就いたとたん、期待される行動がとれなくなる人たちが周囲に一定程度いたことだ。そこで、発達障害のことを勉強し、いかに雇用管理していくかを模索してきた。

今井氏は、「発達障害の診断名がどうとかいうことよりも、発達障害の人に関わってきたことで得られた、人間をどの角度から見ていくのかの人間観のほうが有益」だとして、こう提案する。

「『こういう行動をしてもらいたい』と周りが思っていることと違う行動をとったとき、本人なりの理由がある。外的な状況に対して、本人がどう捉え、どういうアクションをとるのかの相互関係を見ていくことが、本人を活かしていくうえで有効なのではないか。ちょっと変わっていると思っても、本人なりに何か理由があるのかもしれないと思って対応して、損することはない」

その後、会場からパネリストに寄せられた、「自己肯定感を高めながら、サバイバル術としてのスキルをどう身に付ければいいでしょうか?」という質問が紹介された。「脱ひきこもり！　ゆるサバイバル術」のメインテーマだ。

パネリストの都立小児総合医療センター副院長の田中哲氏が、こう答えた。

「子どもの場合、いいところを見つけてほめる。大人の場合でも同じなんだと思う。成人は、自分を自分でほめることができる。自分のいいところを見つけて、自分で自分にご褒美を出す。あるいは、自慢しているみたいでも、自分のいいところを人にアピールして、人に認めてもらえるようになるということは、肯定感を高めながらサバイバルしていくことにつながっていくのではないか」

続いて、発達障害かもしれないものの、そのことに気づいていない人たちに、どのようにアプローチしたらいいのかについての話題になった。発達障害当事者で、都内で当事者たちが運営するピアサポート「Ｎｅｃｃｏ」のＩＴ広報アドバイザーを務めている山本純一郎氏は、こう思いを述べる。

「決めつけてしまうのは、予見の信用をなくしてしまう。あるべき姿にとらわれ過ぎてしまうと思うが、生きていることには必ず意味がある。相手のいいところは、探せばきっと見つかる。発達障害の人の自己評価の基準は曖昧で、大抵低めになっている。根拠もなく、やみくもにほめられると、かえって嫌な気分になる。お互いに腑に落ちる部分を探りつつ、言葉以外の手段を使ってでもコミュニケーションをとっていけるよう、向き合ってほしい」

一緒にできることを考える

興味深かったのは、「アルコールやギャンブルなどへの依存のある人を、どう支援したらよろしいでしょうか？」という質問だ。今井氏は、毎月開く定例会の中でも、必ずギャンブルやアルコールなどへの依存の問題が出てくるものの、発達障害との関係については、これから取り組まなければいけない手探りの状況だとして、こう指摘する。

「依存症については、基本的に『底つき体験』をさせて、そこから這い上がってくるというグループワークの確立されたプログラムはあるものの、この方法は発達障害の人たちにはまったく通用しない。何かにハマる、何かをずっと追求せずにはいられなくなるという性質は、そう簡単に変わるものではないので、その性質をいいことに使う。向かっている方向をやめさせようとすると、むしろ負の強化になって、どんどん意識がいくようになり、手放せなくなる。だから、それとは違う別の道として、それにハマっている限りは悪くない、社会的にも両立するような別のものにハマらせていく戦略のほうがいいのではないかと言われています」

今井氏は、この分野を追いかけて実践している人に接触することをすすめた。

「大人の発達障害の方の中にも依存症の方が何人かいる」

こう指摘するのは、司会の社会福祉法人「正夢の会」（東京都稲城市）理事長の市川宏伸氏。

「なぜ依存症に陥るのかを考えると、自己イメージが悪いからなんです。では、その自己イメージをどのように変えられるか。私の経験で言うと、自閉症と診断されているかもしれないけど、ＡＤＨＤも重なっている人が多い。そういう方に、ＡＤＨＤの治療薬を使わせてもらうと、パチンコ依存症の人が変わることもあるんです」

これに対して、今井氏がこう説明する。

「お金を使い過ぎる依存症の場合、就労してお金が入っても、それ以上に出費のほうが多くなって、生活の質が悪くなっていく人がいるんです。だから、就労支援だけやっても、生活の部分に依存症があると、なかなか成功しないんです」

会場から「特性を持った人に、親として、どのように接するのがいいのでしょうか？」という質問も寄せられた。答えたのは、都内で発達障害当事者のスタッフだけによる「ネッコカフェ」を運営する金子磨矢子さん。

「うちの子どもの場合、六〜七歳の頃からひどい強迫神経症になって、一日中お風呂に入っていて、日常生活を送れない状態になったんです。そのときは、腫れ物に触るように接しなさいと言われて……。ほめるのがいいと思うんですが、ほめ過ぎるとつけあがる。指摘すると、ちょっと本当のことを言われただけで、カチンときてしまう。どうしてうちの子は人と違うんだろうって、どうしてこれができないの？　と、ついつい言ってしまうことがあった。

ただ、発達障害の診断を受けてからは、私自身、発達障害のことに気がついてあげられなかったことがわかったので、本当に何回も謝って……。いまでも、私のことをわかってくれないと言いますけど、理解といっても、その人に成り代わることはできない。自分のこともよくわからなくて、上手く説明できなかった。子どもについては、理解しようと努力しているということしか言えない」

無理をしないで、みんなで一緒にできることを考えていく。これからの時代は、当事者も周りの人たちも、そんな意識をもつことが大事なんだと気づかせてくれる場だった。

自閉症とひきこもり

発達障害の一つとされている「自閉症」は、「対人関係の障害」や「コミュニケーションの障害」「パターン化した興味や活動」といった三つの特徴をもつとされ、症状が軽い人まで含めると、その数は一〇〇人に一人に上るといわれている。

これまで「自閉性障害」「アスペルガー障害」「特定不能の広汎性発達障害」と呼ばれていたものが、「DSM」（米国精神医学会が出版している『精神障害の診断と統計マニュアル』）の第五版の診断基準変更によって、「自閉症スペクトラム」（ASD）に統合されたのは二〇一三年のことだ。

「大人のひきこもり」には、こうして周囲に理解されずに個人の性格的な問題だと誤解され、孤立せざるを得なかったASDの人たちの存在も数多く含まれている。また、ASDは、「ADHD（注意欠陥多動性障害）」などとともに、「発達障害」として分類されている。

このように最近注目されつつあるASDについて、客観的な診断基準につながるかもしれない、新たな原因解明の手がかりになる可能性のある研究成果が、電子版英国科学誌

「Molecular Autism」の二〇一四年六月一一日号に掲載された。
論文を発表したのは、福井大学・子どものこころの発達研究センターの小坂浩隆特命准教授ら、大阪大学、金沢大学、名古屋大学などの共同研究チーム。この研究は、文部科学省「脳科学研究戦略推進プログラム」、ならびに科学研究費助成事業の一環として行われた。同研究チームによると、ＡＳＤの主な特徴は、次の通りとされる。

〈視線が合わない、独り遊びが多い、友人関係が作れない、他者の表情や気持ちが理解できない、他者への共感が乏しい、言葉の発達に遅れがある、会話が続かない、冗談や嫌味が通じない、などの「社会的コミュニケーションおよび社会的相互作用の障害」〉

〈興味範囲が狭い、特殊な才能をもつことがある、意味のない習慣に執着、環境変化に順応できない、常同的で反復的な言語の使用、常同的で反復的な衒奇《げんき》的運動、感覚刺激への過敏または鈍麻《どんま》、限定された感覚への探究心、などの「限定した興味と反復行動ならびに感覚異常」〉

これまでＡＳＤは、社会性の症状が中心で、ＡＳＤの病態を探究するために社会性課題を用いた脳画像の研究が盛んに行われてきた。

脳は、ある目標をもって行動しているときや、何かを認知しているときだけではなく、安静状態においても活動している。こうした安静状態での脳の活動は、いくつかの脳領域間のネットワークで構成され、「デフォルトモードネットワーク」（ＤＭＮ）と呼ばれている。その中心的な役割を果たす脳部位は、「内側前頭前野」や「後部帯状回」などで、自己内省や他人の考えを推測するときに活動する社会脳を司り、ＤＭＮの脳領域が、社会的行動に関与しているといわれる。

ＡＳＤの傾向は、重度の「自閉症」から「健康な青年期」の人まで、連続して存在している。しかし、その連続体の視点で議論された脳画像の研究は、いまだに少ない。ＤＭＮの研究では、「ＡＳＤをもつ人たちの脳領域間の機能的連結が弱い」「ＡＳＤ群で自閉症スペクトラム傾向と負の相関関係がある」という報告にとどまり、健康な青年期群を含めて、自閉症傾向を吟味した研究はなかったという。

そこで、同研究チームは知的障害をもたない「ＡＳＤの青年期（16歳〜40歳）」男性一九人と、年齢と知能指数を一致させた「健康な青年期」男性二一人で、安静状態での機能的脳活動をＭＲ撮影にて測定。それぞれのＭＲ画像を専用のコンピュータソフトで解析し、脳活動の中枢領域である「内側前頭前野」と「後部帯状回」が機能的に連結している脳領域の大きさと連結の強さを調べてみた。

その結果、ＡＳＤ群のほうが、健康な青年期群と比べると、機能的に連結している脳領域が小さくて弱いことがわかった。

また、自閉症スペクトラム傾向を表す「自閉症スペクトラム指数」（ＡＱ）で見てみると、二つの群の違いが見られた脳領域での脳活動とＡＱは、負の相関関係にあったほか、それぞれの群においても、ＡＱと負の相関関係を示す領域がいくつか認められたという。ただ、これは脳の連結部分に限らず、日頃から使わなければ機能的に育たない。このような相関関係は、原因からくるものなのか、それとも結果として起こるものなのか。

「原因と考えております。ＤＭＮの連結の領域が小さくて弱いために、社会性の障害が表れやすく、人によっては自閉症スペクトラム障害の診断名がつく方もおられると考えております」（福井大学・小坂特命准教授）

研究チームは「安静状態での脳活動パターンが、ＡＳＤという診断の有無にかかわらず、自閉症スペクトラム傾向のバイオマーカー（薬理学的な反応の指標として、客観的に測定・評価される項目）になる可能性が示唆された」としている。

今後の研究の展開について、同研究チームは「安静状態で脳活動を調べられることの簡便な手法が、幼少児の年齢層にも普及すれば早期発見・早期治療となる手がかりを得ることができ、さらに治療的アプローチの効果判定にも応用できる」と期待する。

客観的な診断基準として、現場での診療にも応用できる可能性については、「現在の研究手法では、ある人数の集団の中での比較や傾向の検討であるため、ある一人の被験者をＭＲ撮影して、脳科学的にＡＳＤと診断ができるようにすることが今後の課題です」（小坂特命准教授）。

これに対し、自閉症の当事者家族会の関係者は、今回の研究の評価について「先生が発見したことが事実であっても、原因ではなくて、結果だったのではないか」という見方をする。

「脳の中の回路形成に、何らかの原因があるのは間違いないと思う。どこの部分が活性化しているのかとか、言語野の領域が使われていないとか、これまでも数々の研究成果が出てきましたが、それだけで終わってしまいました。結果として、脳の中の連携が悪いということはみな、もうわかっていると思うんです。ただ、先生は、この部位がどう悪いということを見つけたのかもしれないですね。安静時に測定すれば出てくるということだから、物理的な測定ができない現状では、治療というより、客観的な診断につながるかもしれません」

当事者や家族の間には、これまでの数々の研究に対して「期待外れに終わった」という失望感も少なくない。今回の研究ではＡＳＤの全体像がわかったわけではなく、治療法が見つかったわけでもない。いったい何が原因で、脳領域のつながりが悪くなるという特徴が出るのかについても、今後、議論されることになるのだろう。

ただ、安静状態の脳活動における発見が、これから自閉症を解明していくためのヒントにはなるのかもしれない。

特効薬が誕生する可能性

では、「大人の自閉症」に苦しむ人々の希望となる特効薬が誕生する可能性はあるのだろうか。

発達障害の一つである自閉症は、これまで特効薬がなく、薬物による対症療法が中心だった。しかしマウスを使って解析したところ、大人になってからでも薬物を使って自閉症の症状が治療できるのではないかとの研究成果が、二〇一二年一二月一八日付の英国の専門誌「Nature Communications」で発表された。

国内で報告を行ったのは、東京大学大学院医学系研究科の水口雅教授（発達医科学分野）らや、東京都医学総合研究所依存性薬物プロジェクトの池田和隆プロジェクトリーダー（参事研究員）らと、順天堂大学との共同研究チームだ。自閉症の主症状である社会的相互交流障害が、抗腫瘍薬、免疫抑制薬として複数の国で認可されているｍＴＯＲ阻害薬「ラパマイシン」によって改善されることをモデルマウスの動物実験で突き止めたという。

水口教授によれば、自閉症の中核症状は、対人的な相互反応の質的障害、コミュニケーションの質的障害、こだわり行動の三つ。さらに加えて、パニック障害、てんかん、睡眠障害などの症状も表れる。

そもそも自閉症は、生まれつきの発達障害で、人口の一％以上という高い有病率が特徴。また、男性のほうが三～四倍の割合で多いことが知られる。最近では、診断が確立されてきたのに伴い、増加傾向にあるという。

「早期発見のための乳幼児健診で見逃して、大人になってから大学や職場でうまく適応できずに苦しんで、自閉症だったということがわかることもあります」（池田プロジェクトリーダー）

自閉症の原因の多くが遺伝要因であり、そのうちの八割は原因不明。一方、原因がはっきりしている中に、今回の研究で解析した「結節性硬化症」（ＴＳＣ）があり、自閉症全体の一～四％を占めている。

自閉症の問題といえば、これまで中核症状に対する特効薬がなく、療育、行動療法などで社会に適応できるよう促したり、家族や職場の上司などに自閉症を理解してもらったりしてきた。

「私たちが注目したのは、自閉症の原因はいくつかあるだろうから、原因ごとに病態を解明して、それぞれの病態ごとに薬物治療を開発することができれば、少なくとも一部分は薬物療法が効くのではないか。そして、原因ごとに薬物療法が確立していけば、自閉症全体が治ることにつながるのではないかということでした」（池田プロジェクトリーダー）

結節性硬化症は、六〇〇〇人に一人の割合で表れる遺伝病。脳神経や皮膚の病変、良性の腫瘍という三つの特徴が表れる。この結節性硬化症の患者でみると、その半数以上は自閉症を合併するという。

結節性硬化症の原因となる遺伝子は、TSC1型、TSC2型と呼ばれるタンパク質。これらが、mTORという分子を活性化し、結節性硬化症の諸症状が表れる。

このmTORという分子を抑える「ラパマイシン」という薬は、以前から知られてきた。

結節性硬化症は、mTOR系のシグナルに異常をもたらす。それが原因で脳に病変が表れるほか、知的障害が表れたり、難治性てんかんになったりすることもある。これらの二次的な影響として、自閉症が表れる可能性も考えられてきた。

一方で、最近、脳の中に結節がたくさんできていても自閉症にならなかったり、結節が薄くなっても自閉症が強く表れたりして、自閉症と脳病変の関係には否定的な見解が多くなってきている。また、知的障害がなくても二〇％に自閉症が表れ、難治性てんかんがなくても三〇％で自閉症が合併することなどから、mＴＯＲシグナル系の異常がダイレクトに自閉症を引き起こしている可能性が考えられるという。

「mＴＯＲ系のシグナルを正常化することによって、自閉症が治る可能性も考えられる。そこで、ラパマイシンによって、発達期に予防するだけでなく、大人になってからでも治療が可能ではないかということが期待されるのです」（池田プロジェクトリーダー）

薬物治療の意義

研究チームは今回、三ヵ月以上（人間でいうと大人に相当）のモデルマウスを使って、自閉症様行動を調査した。その結果、ラパマイシンを投与すると社会的相互作用が正常化することが、モデルマウスの行動によって明らかになった。

自閉症の薬物治療の意義について、池田プロジェクトリーダーは、こう説明する。

「ラパマイシンやその類似薬は、人に対しても認可されているので、自閉症を合併した結節性硬化症の患者に応用できます。また、mＴＯＲ系のシグナルを介する自閉症に関しては、ラパマイシンで治療できるのではないかと考えられます」

前述したように、自閉症には、一～四％を占める結節性硬化症以外にも、様々な原因がある。東京大学の水口教授はこう語る。

「自閉症の中には、TSC1と2の遺伝子に関係が深いPTENやNF1という遺伝子の変異もあって、TSC以外であっても、病気の仕組みが似ています。こういうグループ[illegible]

当面は、脳や腎臓に腫瘍があり、自閉症やてんかんがある結節性硬化症の人に、ラパマイシンや類似薬を投与することによって、てんかんや自閉症の症状についても見ていくことになる。そして第二段階では、[illegible]症状が似ている別の病気にかかっている人に応用。第三段階で、一般的な自閉症の人たちに広げていくことが期待される[illegible]

日本で抗腫瘍薬として認可されている類似薬は、飲み薬。副作用としては、[illegible]のほか、コレステロールや中性脂肪が血液中で増えてくる可能性があるという。

こうした効果や副作用などを見ながら、今後、一年後をメドに本格的な臨床研究を開始。一般的な自閉症の人たちへの応用に至るまでには、一〇年くらいかかるだろうと推[illegible]する。

「大人の発達障害」などの当事者研究サポートも行っている東京大学先端科学技術研究センターの熊谷晋一郎特任講師（小児科医）は、当事者の視点からこう語る。

「自閉症への理解を大きく進める、素晴らしい研究。今後、自閉症治療の選択肢が拡大されることが期待される。これから人を対象として薬の治療効果を判断するにあたっては、人々の多様性に配慮して〝何をもって回復とするか〟についての慎重な議論が必要だ。また、外側から観察可能な行動レベルの変化だけでなく〝当事者の体験の様相がどう変化したか〟についての主観的報告（当事者研究）が重要になってくるだろう」

熊谷特任講師の言う「何をもって回復とみなすのか」は、日頃から当事者たちと接して話し合う中で、いつも一緒に考えさせられる根源的な問いである。今後、専門家たち[illegible]様な人たちと対等に寄り添っていくことによって、持続的な効果を見極めてい[illegible]められるのかもしれない。

このように新たな医療分野からのアプローチによって、ひきこもり[illegible]されつつある。「自閉症」のメカニズムの一端が解明され、根本的な治療効果の[illegible]科学的な選択肢が増[illegible]自らの症状や状態に苦しみ、回復を求めてきた人たちにとっ[illegible]ことはとても意義のあることであり、人生の希望の[illegible]にもつ[illegible]

慢性疲労症候群とひきこもり

もう一つ、「脳内に広範囲の炎症を発見した」という科学的なアプロれるニュースを紹介したい。

ひきこもり状態に陥る背景にある要因の一つとして挙げられているのが、「疲れが他の人より強い」「検査しても異常が見られない」といった症状が特徴の「慢性疲労症候群」だ。そのメカニズムを追究していた専門家チームが、脳内に起こる広範囲な炎症と、〝怠け〟と誤解される異常な疲れとの因果関係を突き止めた。

外から見ると、怠けているだけにみえるような状態であっても、実はその背景に、慢性疲労症候群と診断される症状が隠れている場合もあり、安易な偏見で怠けと決めつけるのは禁物といわれている。しかし、慢性疲労症候群自体、診ている医師が少ないこともあり、一般的にはあまり知られて来なかった。

ところが最近、そんな慢性疲労症候群の患者は、脳内の広い範囲で炎症を起こしていることが、大阪市立大学や理化学研究所などの研究チームによって解明された。今後、ひきこもり状態の人の背景にある客観的なメカニズムに迫るうえでも注目されている。

慢性疲労症候群とは、関節痛や筋肉痛、発熱、異常な倦怠感のような状態がずっと続いていく症状。医学的な調査や研究は進められているものの、いまだに原因不明で、治療法も確立していない。

メカニズムを解明したのは、理研ライフサイエンス技術基盤研究センターの渡辺恭良センター長、水野敬研究員、ナカトミファティーグケアクリニックの中富康仁院長、稲葉雅章教授らによる研究チーム。

脳内で起こる炎症は、ケガをしたときに皮膚が赤く腫れるような状態で、健常な人の脳にもある程度起きる。しかし、無理をすると炎症の度合いが強くなる。すると、脳の神経がダメージを受けて、回復が難しくなっていくと考えられている。

慢性疲労症候群は、脳の血流やカルニチンなどの伝達物質が少なくなり、代謝が落ちている状態だ。セロトニン神経系のダメージが大きくなることで痛みの感受性も増えて、筋肉痛や関節痛などの症状を引き起こし、脳機能も低下するのではないかと考えられてきた。

そこで、中富院長ら研究チームは脳内の炎症の程度を調べるため、炎症が強くなると増加する免疫細胞内のタンパク質数をＰＥＴで検査。健常者一〇人と慢性疲労症候群の患者九人のデータを統計的に数値化して比較した。

その結果、患者の脳内では主に、視床、中脳、橋《きょう》、海馬、扁桃体や帯状回という部位での炎症が増えていて、健常者の脳内に比べると明確に差があることがわかったという。

「異動、昇進、就職など、環境や仕事の内容が変わって、体への負荷が過剰になったときに（無理を）続けてしまうと起こることが多いですね。おそらく脳内の炎症が強くなって、ダメージが続いていく。例えば夜遅くまで働いていると、体はアクセルをずっとふかして交感神経系が活性化していますから、寝ようと思ってブレーキを踏んでも急には眠れなくなったり、緊張状態が続いて、睡眠が浅くなったりすることがあります。通常は睡眠で回復していきますが、そういう状況が続いて、脳でのダメージがある一線を越えてしまうと、自分の力だけでは回復できない状態が起こってくるのです」（中富院長）

睡眠時間が短くなっていっても、そういう状態が習慣化され、頑張れてしまう人は少なくない。しかし、睡眠時間は人によって必要な長さが違う。最近、睡眠時間が削られていく方向にあって、現代人は睡眠時間が以前よりも少ない。そんな中で、もともと睡眠時間の長いロングスリーパーのタイプは、周りの睡眠時間が短くなってきているために、自分では寝ているつもりになっていても、実は足りていない状況がよく起きていると、中富院長は指摘する。

「脳をダメージから回復させるには、睡眠はとても大事です。睡眠時間が削られると、脳としては戻らないままになる。休みが取れないまま、脳がずっと動いていく状態になって疲弊して炎症が続き、簡単なことでも無理をしたように感じてしまうのだと考えられます」

たとえば、脚や膝に持病を抱えている人が、ちょっと歩いて出かけるだけでも、すぐに炎症が起きてしまうケースと似ている。つまり、慢性疲労症候群の人は、多少のことをし

こうした緘黙症の人たちの存在は、これまではほとんど知られていなかったが、実は潜在的に多いかもしれないことがわかってきた。しかも「大人になれば、自然に治る」と専門家から言われてきたのに、何年経っても状況は本質的に変わらない。それどころか、大人になると学校での問題から離れ、本人の生涯にわたる大きな問題になり得ることも明らかになってきたのだ。

そんな「緘黙症シンポジウム」が、日本特殊教育学会の自主シンポジウムとして二〇一三年九月一日、明星大学日野キャンパスで開かれ、会場には満席の六〇人以上の参加者が詰めかけた。シンポジウムではまず、「緘黙症」当事者で「かんもくの会」を立ち上げたVさんが講演した。その中でVさんは、二〇代半ばの娘が「ひきこもり」状態にある母親Wさんの事例を紹介した。

Wさんの娘は、いまも働きに出ることができず、毎日自宅で過ごしていて、友人は一人もなく、家族ともまったくしゃべることができない。娘は、赤ちゃんの頃から極端におとなしい子で、あまり泣くこともなく、知らない人に抱かれても大人しく抱かれていた。また、親の言うことは素直に聞く、手のかからない「いい子」だった。

小学校では、友人と遊んだりおしゃべりしたりするのが苦手で、休み時間は本を読んだり、一人で図書室にいたりした。社会科見学でバスの席を決めるのに、仲のいい子同士で座れるように決めたら、一人残された。自分から声をかけることができない娘は、誰かが「一緒に座ろう」と言ってくれるのを待っていたのではないか、とWさんは振り返る。

取り残されたようでつらかったのだろう。先生が「誰と座りたいの？」と尋ねると、泣いてしまった。国語の音読で、先生から「もっと大きな声で読みなさい」と注意され、何度やり直しをさせられても、大きな声は出なかった。

家庭訪問や個別懇談のたびに、Wさんは「つらいのではないか？」「何か障害があるのではないか？」と相談するものの、先生の答えはいつも「心配しなくても大丈夫」というものだった。

六年生のとき、修学旅行のスナップ写真を娘に見せてもらって、ハッとした。クラスメートたちが楽しそうにピースしている中で、娘一人が能面のように無表情。三学期が始まってからは一度も登校することなく、卒業式にも出席しなかった。

中学校の入学式には出席した。しかし、三週間後には不登校になり、そのまま卒業式にも出席しなかった。

Wさんが「場面緘黙」の言葉を知ったのは、不登校が始まった頃。図書館で娘に当てはまる症例を見て、いままでつらい思いをしてきたのは、本人のせいや性格のせいではないことがわかり、うれしかった。

しかし、適応指導教室の先生に相談すると、場面緘黙という言葉を娘に伝えるべきでないと諭された。「病名をつけることより、親が子どものことをしっかり理解してあげること」と言われ、確かにその通りかもしれないと、そのときは思った。

中学二年の頃、Wさんがカウンセリングや相談室へ行っても、不登校のみを問題視され、緘黙症についてはなおざりにされた。「子どもが学校へ行かないのは、家を居心地のいい場所にしてしまっているから」「子どもと一言も口を利いてはいけない」という相談室の指導に違和感を抱きながらも従った。

こうした相談室の手法は、親子の関係を壊し、子どもと信頼関係を結んだ第三者が介入して学校へ引っ張っていくというもの。しかし、娘は第三者に引っ張られても学校へは行けず、相談室からも「あなたたちのような親子に関わっている時間はない」と見切られた。以来、娘は家族ともまったく話さなくなった。娘に「私が間違っていた」と泣いて謝ったが、あの日から、いまに至るまで、娘の声を聞くことができずにいる。

「大人になれば治る」はずが

現在、自治体の「ひきこもり地域支援センター」の職員が、月に一度、自宅を訪問している。しかし、同センターは「ひきこもり支援」を始めてまだ日が浅く、「ひきこもり」のことも勉強中で、「緘黙症」のことはまったくわからない様子だった。

訪問を始めた頃、娘は職員を部屋へ入れてくれていたものの、職員が一方的に話をするだけ。半年ほどすると、職員が来ても娘は部屋のドアを開けることもなくなった。

Vさんによれば、最近の様子をWさんに伺ったところ、五年前の状態のまま何も変わらないという。

「幼少の頃、場面緘黙の存在がわかっていて、適切な治療を受けていれば……娘のいまは、もっと違っていたかもしれない」——これはWさんに限らず、大人の緘黙症当事者を抱える家族共通の思いだろう。

「成人後も緘黙のまま、症状の影響を受けている人たちはたくさんいる。なぜ緘黙というと、子どもの問題で、大人になれば治るといわれるのか。第一義的に、話さないし、自分のことを表に出さない。本当の声が周囲に届かないのです。また、もっとも身近にいる家族が子どもの状態を楽観してしまうケースが多い。とくに場面緘黙の場合、何が起こっているのかまったく気づきにくいこともある」

そうVさんは訴える。

学校でも、問題を認識していても、他のもっと手のかかる子どものほうを優先してしまう結果、後回しになったり、放置されたりしているという。

また、大人になってひきこもってしまうと、そういう状況を家族が報告するしかない。しかも、関心の中心は「自分が亡くなったら、この子はどうやって生活していけばいいのか？」に移っていく。そうなると、もともとの問題の根幹である「緘黙」が覆い隠されて表面化しないのではないかと推測する。

Vさんは、問題解決に向けて、学校や幼稚園に通う緘黙症の子どものために、「教員研修に緘黙症の項目を入れる」「大人になっても支援が引き継げるようなシステムの構築」「緘黙特有の特徴を理解する専門家の養成」「統計的な調査の実施」などを提案する。

シンポジウムでは、次に、日本緘黙研究会事務局長を務める長野大学社会福祉学部の高木潤野《じゅんや》講師が「緘黙症の状態像は多様だが、共通点もある」と報告。たとえば年齢の低い子の場合、「僕のところに初めて来ると親にしがみついて離れない。でも、外遊びを始めると、大きな声を出しながら遊べる子が多い」と話す。つまり、どこかで上手にエンジンをかけることで、その子の持っている力が発揮されやすい状態を作り出せると指摘する。

海外では二〇年ほど前から研究が進んでいて、「社会的な状況で話せない」緘黙症の背景にあるのは「不安障害」との捉え方が一般的になってきているという。一方で、不安障害以外にも「自閉症」や「コミュニケーション障害」などの様々な背景も指摘されてきた。

高木講師は、「表に出てくる状態像と、背景にある要因を掛け合わせることで、グループ化できるのではないか」という仮説を立てる。たとえば、家では多弁に話し、背景に不安があるタイプの場合、不安を感じにくい場面では普通に話すことができる。だから家では話ができる場合、環境調整をしてあげることや、その場に慣れる、こんな風にすれば不安を乗り越えられることを学習していくことによって、不安を軽減していく方法が効果的なのではないかという。

また、家でも無口で、背景に自閉症があるケースもある。実際、この半年ほど、緘黙状態だと相談に来た当事者三人が「自閉症」の診断を受けた。

以上のように、グループ化することは効果的な支援方法を考えていくきっかけにできるのではないかと期待する。また、予後の予測も立てやすくなり、「大人になれば自然に治る」人は特定のタイプであることが推測しやすくなるというメリットもあるという。

この後、司会者の藤田継道氏（関西国際大学教育学部教授）は「この『かんもくの会』の活動を全国組織にして、もっと多くの人たちにも知ってもらいたい。ひきこもっていて、よけ困り果てている人もいるので、『かんもく・ひきこもりの会』という全国組織を作ってもいい」などと、熱い思いを語った。

年齢によって緘黙の質は変わる

こうした緘黙は、不登校とも深い相互関係があるのではないかということも、最新の研究でわかってきた。また、「大人になれば、自然に治る」とは限らず、大人になって何年経っても緘黙状態のままの場合もある。増え続ける「大人のひきこもり」の背景には、この社会構造の中で、緘黙状態のまま取り残されてしまった人たちが「助けて」と声を発信することができず、数多く埋もれているのではないか。

前出の緘黙症研究の第一人者である、長野大学社会福祉学部の高木潤野講師は二〇一四年六月八日、こうした緘黙の原因や支援方法、これまでにわかってきた最新の研究成果などについて、当事者家族会「つぼみの会」と「かんもくの会」共催の集会で報告した。

これまでの専門書では「緘黙の子たちは不登校にはならない」と考えられてきた。しかし、高木講師は多くの緘黙の子たちに面接調査してきた結果、「登校渋り」や「不登校状態」になっているケースが多いことから、「不登校」と「緘黙状態」は、相互に影響を及ぼし合う可能性があるという新たな見解を明らかにしたのだ。

高木講師は、ＩＣＦ（国際生活機能分類：人間の生活機能と障害の分類法）というＷＨＯが障害とは何かを定義したモデルを使って、緘黙を説明する。

これまでの障害は、たとえば脳性マヒなどがあると体が自由に動かなくなり、活動が制限され、社会参加も制約されると考えられてきた。ところが、そうした人たちの中にも、社会参加できる人がいる。具体的には、車いすや杖、エレベーターやスロープなどの整備によって障壁がなくなれば、歩けなくても社会参加ができる。つまり、背景となる社会的な環境因子の視点が欠落していた。

また、年齢や性別、職場がコミュニケーション能力を重視し始めたニーズの変化などによって、社会参加が妨げられるという個人因子が関わっている。

さらに、社会参加が制約されることで心身機能に悪影響が出るという相互作用の結果が、障害という状態だと考えられるようになった。

「不安が強いと人前で緊張する。しかし、不安が強いだけで緘黙になるわけではない。緘黙状態の人の中には、自閉症が背景にある人もいて、二つの緘黙はかなり違うものだということが最近わかってきたのです」（高木講師）

話すことのできないことだけが、活動の制限ではない。人前にいることそのものが苦手。人前で何かをする、トイレに行く、ご飯を食べるといったさまざまな活動の制約がある。

「緘黙の子どものほとんどは、家では話すことができる。緘黙は、何らかの環境因子が加わらないと発症しないことが、最近の研究でわかってきたのです」

緘黙が発症する典型的な時期は、保育園や幼稚園に上がるとき。しかし、その子たちの成育歴を見ていくと、幼稚園などに上がる前から、母親と離れるのを嫌がったり、人見知りが強かったり、三歳児健診で泣いてしまって体重が測れなかったりするといった兆候がかなりの確度であって、環境因子によって発現しているという。

「やっかいなのは、年齢が上がるにつれて、環境因子の関わり方が変わってくることです。最初のうちは、友人がなかなかできない。友人同士、お互いのことがわかってくると、話さない子と見られるようになることが、強力な環境因子です。さらに年齢が上がってくると、友人関係が固まってしまって、友人関係を再構築できない。もともと不安が強くて緘黙状態になっているんですが、だんだん不安が減って、もう話しても大丈夫かなと思っても、ある日突然、話をすることはできない。同年代の子たちとの適切なコミュニケーションの力が育っていないので、自然なトレーニングがまったくない状態で話さないといけないのです」（高木講師）

年齢が上がるにつれて、緘黙の質が変わってくる。つまり、まったく違った背景をもつものも、表に出てきた状態像として、便宜上、緘黙と解釈しているという。

兄弟姉妹がともに緘黙症というケースも多い。高木講師によれば、ドキドキしやすいといった不安の感じやすさが似ているからのようだ。

では、周囲はどのような支援方法があるのだろうか。

「緘黙症という名前と、他にも困っている人たちがいることを本人に伝えてもいいと思うので、本人としっかり話をすることです。〝どうしたら話せるようになるのか。一緒に考えてみよう〟というアプローチが必要になります」(高木講師)

自分自身を変える大きなチャンス

緘黙であることを本人に伝えた際のデメリットはあまりないという。ただ、安易に緘黙という名前だけを伝えてしまうのはよくない。その状態がどういうものであるかを伝えて、一緒に考えていくことが必要になる。

一方、中学生以上になると治りづらくなるのは、前述したとおり、友人関係の中で孤立に陥りやすい環境因子が影響している。特に本人が「自分の緘黙状態は、もう変わらない。この状態でずっとやってきたし、このままいくしかない」と思い込んでしまっているとしたら、やっかいだという。

では、緘黙の支援は、どのような状態を目指せばいいのだろうか。

「治るというのは、話せるようになることではありません。いかに、その子がいま持っている力を一〇〇％発揮させるか。そして、その子がいま持っている力で、いかに活動や参加を促進させていくかがゴールになっていきます」（高木講師）

そのためには、緘黙の本質にある環境要因にアプローチしていくことだ。そして、本人の意思でもある話したいという気持ちを上手に育てていくことが大事になる。

家庭だけ、あるいは学校だけの状態を考えていると、正確な状態は捉えられない。その子が生活している、いろいろな場面での情報をしっかり集めていくことと、家庭と学校、幼稚園、保育園等との連携が必要だ。

支援方法としては、ＰＤＣＡ（Ｐ＝計画を立てる、Ｄ＝実行する、Ｃ＝上手くいくかどうかを確認する、Ａ＝改善する）という流れを継続していく。実際には、まず当事者が安心して過ごせる環境を作っていくことが大事だ。緘黙状態の子が不安を感じやすい環境は、他の子たちも不安を感じやすい環境であり、誰にとっても過ごしやすい学級などの現場にしていく。

次に有効な方法が、細かい階段をつくって、一歩一歩進めていくスモールステップによる介入だ。子どもが生活している空間は、家庭と学校だけではない。この間には、家の外、校庭、保健室などがある。どこまでの空間なら、子どもたちは話すことができるのかを考える。人や時間のステップもある。担任教諭が自宅に来てくれれば、話ができるかもしれない。また、夏休み中や放課後の誰もいない時間、母親と一緒なら話すことができるかもしれない。

では、子どもには、どのように説明するのがよいのか。

「不安が強いタイプであれば、小学校三年生より上くらいになったら、ありのままを話して、先生と相談しながら『お母さんと話す練習をしてみようよ』と提案するのがいいと思います。ただ、自閉症が背景にある子は、家でも同じように無口で目を合わせない子が多い。その場合、挨拶や返事の基本である、本人のコミュニケーションスキルを伸ばしていく方法が有効になります。対人恐怖や視線恐怖といった不安障害を発症している子の場合は、カウンセリングや医療機関とつながっていくことも必要になります」（高木講師）

何よりも大きなきっかけとなるのは、環境を変えることだ。学校が変わるタイミングは、本人にとっても自分自身を変えられる大きなチャンスとなる。

「ほとんどの子どもたちは、進学をきっかけに話せるようになりたいと言っていました。とくに高校進学は、これまでの自分を知っている人が誰もいない学校に行けば、上手くやれるのではないかと思う、と答えています」（高木講師）

転校先、転居先を選ぶことは、プラスの材料につながる。しかし、危険な賭けにしないために、見知らぬ地域の学校以外の習い事に試しに行かせてみる。そこにいる子どもたちや先生と話せるようになれば、転校してもいいかもしれない。逆に、習い事の先でも、同じように緘黙状態だったとしたら、まだ転校・転居する時期ではないと見極めることも必要だという。

こうした状態にある子どもたちは、親の気持ちを気遣って本当の思いを言えずにいることも少なくない。見極めるにあたって大事なのは、いかに周囲の大人たちが、本人の気持ちに丁寧に向き合い、寄り添うことができるかにある。

第三章　ひきこもる人々は「外に出る理由」を探している

1 訪問治療と「藤里方式」という新たな模索

どこにも行き場がない。純粋な「ひきこもり」関係の家族会のようなものに参加したい。でも、どこに相談したらいいのかわからない——。そんな声が毎日、筆者のもとには数多く寄せられてくる。

「自分の住む近隣に、同じような悩みを共有できる空間があったらいいのに」

しかし、地域の中で孤立している「ひきこもり」の人たちやその家族が、個々の意向に添うような集まりを探そうと思っても、なかなか情報すらないのが現実だ。そんな彼らに手を差し伸べようとする民間の支援者の側は、個別に正面から向き合って選択肢を提示し、長くサポートし続けようとすれば資金面が厳しくなり、なかなか採算が合わないといわれている。そんな支援の動きの中にも、少しずつだが、新たな模索も始まっている。

共感を呼んだ活動

社会とのつながりと自立を促し、置き去りにされた人たちを救う訪問治療の力を大事にしている医師がいる。長年にわたってひきこもり続けるなどして、重度の精神疾患が疑われるようなケースになると、家族から「どこに相談したらいいのか」「どうやって診療につなげたらいいのか」というような話をよく聞く。ところが、本人が自ら医療機関に出向かない限り、通常は診療を受けることはできない。また、たとえ行政機関や民間の支援団体に家族が相談することができたとしても、「対応できない」「年齢が対象外」といった理由からたらい回し状態にされることがあるのは、これまで記してきた通りである。こうして、本人も家族も長年、社会から置き去りにされたまま、ひきこもりは高年齢化と潜在化が進んできた。

そんなひきこもり状態のまま置き去りにされた人たちを対象に訪問診療を行い、その結果、彼らの大半が地域で就労など社会的に自立した生活を送れるようになるほどの高い効果を上げている医療チームがある。静岡県浜松市にある「ぴあクリニック」（精神科）の新居昭紀院長を中心とするＰＳＷ（精神保健福祉士）と、近接する「訪問看護ステーション不動平」（精神科専門）のサポートチームだ。

「我々が扱うのは、医療が途切れてひきこもってしまった人や、気がついたら呼吸困難に陥るほど重度の精神障害になっていた人たち。我々が往診専門という形で関わりを始めなければ、彼らは社会から置き去りにされてしまう。そんな埋もれた人たちがたくさんいると実感したのです」

こう振り返る新居医師は、以前は近くにある総合病院の院長だった。そもそも病院を退職後は悠々自適の生活を送ろうと思っていたのに、自分がかつて受け持っていて治療が少しもうまくいかず、医療が中断し、地域に埋没していった患者に何らかの訪問支援をしようと、看護師の妻と二人でボランティアを始めたことがきっかけだったという。

「入院した精神障害者は、一旦、退院すると、本人がどんな状態になろうとも、家族に委ねられてしまう。病院から言わせれば、地域の福祉体制が面倒を見ればいいという発想だからです。しかし、彼らは自宅に帰されると、自閉、無為になり、布団を被って寝ているのが実態。重い人たちほど、退院後のサポートが大事なのに、何もされていないケースが多いのです」

こうした彼らの存在を見過ごせなくなった新居医師らは、二〇〇四年四月、「カンガルーくらぶ」という訪問型支援のボランティアグループを設立。当初は「面白くてハマっていた」活動が、次第に共感を呼び、今では対象者が訪問支援約七〇人、外来を含めると一〇〇人以上にまで増えた。

拒絶されるのは当たり前

システムとしてはまず、家族が相談に来るところからスタート。往診の対象になるような人は、ただ部屋から出てこないという状況だけで判断してはならない。周囲の情報や過去の生活歴を見て、「重い精神障害者であることが間違いないだろう」という人たちだけを調査し、往診を始める。

とはいえ、基本的に新居医師らは、ひきこもる本人が最初はまったく歓迎しない訪問診療に向かう。

「『具合が悪ければ、病院や施設へ入れればいい』というのでは、彼らの自由に生きていく権利を奪うことになる。それは、『奇人・変人は、隔離・収容すべきだ』という差別や偏見に基づく体制側の発想です。しかし、対人不信の強い人たちですから、訪問しても拒絶されるのが当たり前。会ってくれないし、まったく話してくれません。やっと会ってくれても、部屋はゴミ屋敷。〝着替えましょう〟と不用意に触ると、叩かれたり、蹴飛ばされたりします。何十回無視されても、拒否されても、コンタクトを求めて訪問し、語りかけ続けていると、ふとしたきっかけで、こちらを向き始めるんです。共有できる世界ができる、もしくはコンタクトできる一筋の道が開けることは、すごい感激です」

やがて若いスタッフを雇い、訪問指示を出して、四人のＰＳＷなどを派遣。連日サポートできる体制をつくるために、クリニックを立ち上げた。退職後のボランティアで始めた

「面白いこと」が、いつしか事業として成り立たせようという話にまでなったのだ。

「大事なのは、相手とどういうつながりを作れるかということです。医師目線で行くと、つい薬を飲ませたり、入院させたりしたくなる。しかし、我々は治療者ではない。対等な人間同士のぶつかり合いです。むしろ、地域では、相手を上に置いて尊敬しなければいけない。向こうの土俵に入っていくのですから、相手のやりたいこと、できることをどう見つけるかがポイントです。病的な部分を見ても、何もうまくいかない。その人のいちばん楽しいこと、興味をもつことでしか通じないのです」

そんな新居医師らの「治療」にはレールがない。クリエイティブに何を仕掛けようかと、いつも考えているという。治療というより、ユニークな生活支援といったほうがよい。

これまでの治療者視点とは違って、当事者の目線にまで下りていく。そんな医療者たちの取り組みに、なるほどと思った。

では、こうした新居医師らのアプローチに、本人たちはどのように反応するのか。

「布団を被ったままだったり、浴室に籠城してしまったりする人もいます。"帰れ！"と言われたら、帰らなければいけない。半年、一年と、そう言われ続けても、"わかりました"、"また来させてください"と言うのです」

彼らの中には「なんで、あんなヤツらを寄越すんだ！」と家族に当たったりするケースも少なくないそうだ。そのうち、家族のほうが耐えられなくなって、逆に「もう来なくていいです！」と断ってくるケースまであるという。

「家族がサポートしてくれないと、我々は中断せざるを得ません。家族が暴力を振るわれ、〝こんなに本人が嫌がっているんだから、もう止めてください！〟〝この子の性格だから、もう治りません。結構です！〟などと言われると、私たちも止めないといけない」

一人暮らしをサポート

このように、当事者やその家族が社会から放置され、地域から孤立していく背景には、家族が障壁になっているケースもある。これから親の高齢化が進み、自分が亡くなってしまったら、彼らを施設に預けるしかないと考えている親もいる。しかし、親が亡くなったとしても、そのような状態にある本人を受け入れてくれる施設など、なかなかない。

「結局、親が死んでも、当事者が自分の住み慣れた環境で、自分の身の回りのことができるようにしていかないといけないことを、親にわかってもらうのです」

同クリニックでは親が亡くなって単身になった人たちをそれぞれの地域でサポートしていた。たとえば、ゴミ屋敷のような部屋の中で時空を絶するような生活をしていた人が、いまや大手スーパーに勤めていたり、短時間就労と（障害者）年金で、結構自由な生活を満喫していたりする。

「症状の重さにかかわらず、どんな人でも就労可能です。本人の気持ちがあれば、仕事につなぐことができる。我々は、本人の潜在的能力を引き出して、マッチングさせる役割を果たすことです」

これまでなら、簡単な作業をコツコツと何年もやらせて、次のステップで短時間就労へと移行させる。しかし一般就労には行かない。何年もただ通っていてペイしないという。

「逆に、きちんとペイすれば、すごくモチベーションが上がります。人は見かけによらず、仕事がバリバリできる可能性を秘めているのです」

単身者たちをカバーしていくには、ボランティア精神を持ったかなりの人手がいる。でも、ハッキリしていることは、どんな当事者も一人暮らしをすると、その多くは状態がよくなるという。

人はみな、人間関係の中で生きている。精神疾患があってもなくても、孤立無援になれば、誰でも不安や恐怖に陥る。人は、ひとりでは生きられないのだ。

一八～五五歳の一〇人に一人がひきこもる町で

地方自治体の中にも、高年齢化するひきこもり当事者や家族に向き合い、切れ目のない先駆的取り組みを実践する動きが始まっている。

世界遺産に登録された手つかずの大自然「白神山地」のふもとにある、人口三七〇〇人弱（二〇一四年四月現在）の秋田県藤里町。過疎化が進み、基幹産業だった農林業は衰退。豪雪地帯として知られ、国道がなく、ＪＲも私鉄も通っていない袋小路の町である。

その一方で、隣接する能代市への通勤圏内として、町には町営住宅なども建設され、もともとあった集落と新たな住民とが共住する。しかし、町内に常駐する医師がいない過疎地域特有の医療問題を抱え、年々人口減少が続いている。そんな山あいにある小さな町の社会福祉協議会（社協）が「ひきこもり者のパワーを引き出すことで、町はまだまだ変わる」として、町おこしに生かすために行ってきたひきこもり掘り起こし策が、注目されている。

秋田駅から奥羽本線の特急列車に乗って、二ツ井駅まで約一時間。駅から車で二〇分ほど山あいに入ると、藤里町の町並みが見えてくる。同町の社会福祉協議会がまず取り組んだのは、二〇一一年に行った町のひきこもり実態調査。一八歳から五五歳までの町民のうち、少なくとも一一三人が長年、仕事に就けない状態でひきこもっていることがわかったのだ。

当時の対象年齢に当たる町民のうち、ひきこもる人たちが占める割合は九％弱。実に、ほぼ一〇人に一人がひきこもっていることになる。この比率は、厚労省が二〇一〇年に公表した「20～49歳の対象者1660人に占めるひきこもり経験者の割合は1・2％」という調査結果に比べてみると、はるかに高い。

調査を担当した同社協の菊池まゆみ常務理事（当時は事務局長）が明かす。

「うちでは、ひきこもりのガイドラインや定義を無視して、独自の定義をつくりました。（就労支援の）事業をやりたいからです」

ひきこもりの自覚がない人もいる

調査はもともと、ひきこもり者の実態を調べたアンケートではない。同社会福祉協議会は二〇一〇年四月、ひきこもりの人や障害のある人などの社会復帰のために、就労支援や機能訓練、地域の人たちとの交流の場となる施設として福祉の拠点「こみっと」を開設したが、この「こみっと」の事業化のため、ニーズを探る調査として始めたという。

だから、ひきこもりの〝定義〟についても、「不就労期間がおおむね2年以上である」「家族以外の人との交流や外出の機会がほとんどない」という条件で絞った。

菊池事務局長が続ける。

「不就労期間を半年くらいとすると、本人や家族の中には〝いかがですか？〟と聞かれても、まだ困っていない方々や、ひきこもりとは違うといった自覚のない方々もいる。だから、うちではおおむね二年以上としました。社会復帰を目指すとすれば、五五歳くらいまでなら何とかできる。五五歳以上は、シルバーバンクという制度があります。シルバーバンクはおおむね六〇歳以上で集めていますが、五五歳定年をうたっている企業もあります。だから、うちは五五歳まで引き下げて対応しているのです」

同社協がすごいところは、エアポケットのように支援が抜け落ちていた世代をしっかりカバーして、切れ目のない支援を目指そうとしていることだ。

こうして、二〇一〇年二月から二〇一一年八月までの約一年半をかけて、社協の専門家らが戸別訪問し、本人や家族に直接、聞き取りを行ったのである。

「ひきこもり調査というと、悲惨さとか状態に焦点を合わせてしまいがちです。結果的には、そうした部分も出てくるでしょう。でも、うちは、いろいろな事業を行うための調査であり、学術調査とは違うのです」

同社協の調査が画期的なのは、受け皿と解決方法をセットにしたやり方にある。

「〝何かお困りですか？〟では調査に入れないし、失礼だと思う。〝「こみっと」を事業化したいんです〟と予算化したうえで、調査を始める。そうすれば、失礼ではないですよね。〝悩みがございますか？〟という聞き方をしたところで、みなさん、一生懸命頑張っていらっしゃるので、悩みを打ち明けるだけで終わる問題ではないんです。そこを敢えて調査するのは、社協の仕事ではない。具体的なイメージを仕上げた時点で初めて、〝うちはこういうのが欲しい〟とか、お答えが頂けるのです」

地元紙の秋田魁《さきがけ》新報は、二〇一一年一二月二〇日から七回にわたって、同社協の取り組みを『扉の向こうへ』というタイトルで連載した。その第一回で、同紙はこう報じる。

〈「相談援助までは福祉にでもできる。でも引きこもりの人に〝一度外に出てみようよ〟と水を向けても〝どこへ？〟と返されると、その先に答えがなかったんです」。

町の社協の菊池まゆみ常務理事が振り返る。こみっとは「どこへ？」に対して、菊池さんたちがたどり着いた一つの「答え」である〉

この連載記事を書いた秋田魁新報の吉田新一大館支社編集部長（当時は能代局長）は、こう指摘する。

「町の人たちはどん詰まりになっていて、外部の人との接触に慣れていません。こうしてきめ細かく調査してニーズを掘り起こす手法は、今までの常識を覆すものだと思います。事務局長の菊池さんというリーダーシップのとれる人がいたことが幸運でした。社協の取り組みとしては、前例がないのではないでしょうか」

いろんな人が出入りするための工夫

もともと「こみっと」は、県の発電施設を町が購入し、社協に無償で貸与したもので、二〇一〇年四月にオープン。日本財団の助成金によって、各種の共同事務所、サークル室（日中活動支援室）、お食事処（就労支援）、調理室（就労支援）、会議室（機能訓練室）、相談室などを整備した。

開館は平日の午前八時三〇分から午後五時までで、会議室やサークル室の利用は無料。事務局は、社協ではなく、共同事務所にあり、老人クラブや親の会、ボランティア団体協議会、身体障害者協議会などの一三～一五団体が運営協議会をつくっているという。

「彼らを彼らだけにしないために、いろんな人が出入りするような所にしています。あそこにひきこもらせても、しょうがないですから」

そう菊池事務局長は説明する。

同じ敷地には、宿泊室を備えた自立訓練（生活訓練）事業所「くまげら館」も併設。障害者手帳を持たない多くの利用者たちが、長年の空白を埋めるための作業ができる場をつくった。

同紙の連載の第四回には、「こみっと」に通い続ける、こんな四〇歳代男性のエピソードが紹介されている。男性は大学を卒業後、都内の情報処理関連の会社に就職したが、家族の介護のために会社を辞め、帰郷する。六年間、介護に明け暮れたあげく、家族が亡くなると、再び就職活動を始めた。ところが――。

〈最初は前職のキャリアを生かせればと願ったが、程なくそれが途方もない夢物語だということを思い知らされた。仕事の口がそもそも少なかったことに加え、自分のスキルが「5年もすれば時代遅れ」だったことを痛感した〉

男性は記者に実感を込めて、こう言う。

「ドロップアウトは許されない。どんな理由があってもです」

そして、連載記事はこう問いかける。

〈「まずは自立。いつまでも親の世話になっているわけにはいかないから」。定職を失って15年。生きづらさを感じながらも、明日を信じて懸命に前を向く。この男性を責める資格が、誰にあるというのだろう〉

「『こみっと』は、〝この指止まれ〟ではない。個性、熱さ、やる気、本気度がないと、できない事業だったと思います」と、前出の吉田記者は語る。

「ひきこもりは、制度の谷間に抜け落ちた人たち。社協は、他の日常の仕事で手いっぱいですし、そもそも自分たちの仕事ではない。私も記事化するにあたって、本人たちに確認を求めたら、名前も顔も出してＯＫの人がいる。これは、どういうことだろうと考えました。それだけ当事者も家族も、現状を知ってもらいたかったのではないでしょうか」

吉田記者はもともとひきこもりについて、それまであまり知らなかったという。だからなのか、こんな驚きを連載で吐露している。

〈作業を何日か見学させてもらった。驚いたのは、本当に引きこもり歴があるのか、人によっては全く見分けがつかないということ。「だからこそ」と菊池さんも言う。「本当は支援が必要なのに見過ごされてきたんです」〉

予備調査を行ったうえで、「こみっと」を作るというイメージを描いて、実態調査を行った「藤里方式」（藤里町社協方式）。そのノウハウについて、菊池事務局長は、こう明かす。

「まず、『こみっと』開設に合わせ、〝事業を始めますよ〟と、各地区、各団体を全部回って、説明会を開きました。その開催のお知らせを地元紙の記事に載せてもらって、〝これからみなさんのお宅に伺いますよ〟って予告したんです。そうしたら、説明会のたびに、引っ張られるんです。〝実は、うちも～〟〝実は、親戚の～が〟って感じでね」

試行錯誤を行うほどに希望が湧いてくる

これまで仕事に就けずに孤立する人たちや、その家族に話を聞いてきたが、何を言っているかというと、「行政が縦割り」「たらい回しにされる」「自分に合った支援がない」ということだ。行きつくところは、生活保護や障害者手当を受給するしかない。選択肢が限られているのである。

支援策の谷間に自分たちはいる。しかし、そんな彼らは、特殊な人たちではなくて、ごく普通の身近な人たちだ。昨今の調査でも、半数以上は社会人経験者。私が会ってきた人たちも、明確な疾患や障害を持っているわけではない。確かに、精神科へ行けば何らかの診断名に当てはめられるのかもしれないが、会社に入れず、仕事に就けないまま、だんだん社会から離脱せざるを得なかった、誰にでも起こり得るような状況に置かれた人たちだ。こうしたことが、時代の流れの中で、社会の構図としてある。

抱えている問題はそれぞれ違うが、社会とのつながりをなくしてひきこもる行為は、みな同じだ。決して「六ヵ月以上」とか「三九歳以下」とかの〝定義〟でくくれるような話ではない。

彼らはどうしたらいいのか。将来の道筋が示されていない。支援団体も頭打ちになっている。国の法律や行政の支援策が限界にきているからだろう。そんな中で、当事者や家族は行き場をなくしているのが現実なのだ。

こうした「藤里方式」の経過報告を一冊にまとめた『ひきこもり　町おこしに発つ』（秋田魁新報社）も出版されている。

多くの人は、何の気なしにひきこもり状態になる。しかし、同書は、こう最後に綴る。

〈「こみっと」の実践を試行錯誤で行うほどに、希望が湧いてくる。彼らと一緒に、藤里町の特産品の舞茸をふんだんに使った「白神まいたけキッシュ」を売って、町おこしができるかもしれない〉

その後、同町ではひきこもっていた一一三人の当事者のうち、約半数が「こみっと」の取り組みに参加、三分の一が就職。同社協の菊池事務局長のもとには現在、全国各地から講演依頼が殺到しているという。

2　親子の相互不信を解消させたフューチャーセッション

縦割り組織を乗り越えるための取り組み

ひきこもり当事者と親たちの親子関係は、どのようにして適度な距離を取ればいいのだろうか。

「子に自立してほしい」

「親のことが嫌であれば、家出するくらいでも構わない。ただ、出た後の生活は心配している」

「自分の生活があるから、本人に対して十分に何かをしてあげられていないことを申し訳なく思う」

「親がいなくなった後の生活をしていくうえで、支援してくれる人とつながってほしい」

「家から出そうとしていたことが逆効果だった（何も言わなくなったら、出るようになった）」

「父子の関係性を作れていなかった（いざというときに逃げていた）」

「子は親に、何て言ってほしいのだろう？」

「直接はなかなか話せないので、手紙でコミュニケーションをとった」

「どうしてよいのか、誰に相談してよいのかわからず、時間が経つにつれ、気持ちだけが焦っていく」

そうした親の気持ちは痛いほどわかっているけれど、親の価値観を押しつけられると、ひきこもっている子どもたちは、生きづらさを感じてしまう。親と子の意識のずれは、もとより本人がひきこもっているかどうかにかかわらず、根深いものがある。しかし、それぞれが「自分ごと」として振り返ることのできる、そんな気づきを得られる機会があれば、有意義だと思うし、とても貴重だ。その一例として紹介するのが、これから述べる「フューチャーセッション」なのである。


二〇一二年の夏、毎週金曜日の夜になると、恒例行事のように首相官邸前で原発再稼働反対のデモが繰り広げられた。その一方で当時、筆者の周囲で静かに広がりつつあったのが「対話」ブームだ。たとえば、企業を中心に注目されたのが、フューチャーセッション（FS）と呼ばれる「創造的な対話の空間」をつくる動きだった。

FSとはもともと、北欧のスウェーデンで生まれた概念。既存の縦割り組織を越えて、企業や行政、専門家、一般市民などの多様な人たちが一堂に集まり、対話を行う。誰もが参加できて、未来に関係しそうなステークホルダー（つながりそうな人、利害関係者）を巻き込みながら、みなが対等に当事者意識を持ち、社会の変革を目指していることが特徴だ。

日本では、富士ゼロックスや東京海上日動システムズ、アサヒビール、コクヨといった大手企業を中心に、従来の縦割り組織を越えて取り入れる動きが広がっている。この年、ひきこもりをテーマにしたFSも、神戸と東京で次々に立ち上がった。

きっかけは、筆者にある。FSの話をちょっとしたところ、突然、ひきこもり当事者たちが反応し、自ら動き出したのだ。

「何か、新しい方法を探していたんですよね」

こう明かすのは、同年六月九日、神戸市の「KIITO／きいとクリエイティブスペース」で、いち早く「ひきこもり問題FS in 神戸」として取り入れた、前出のNPO法人「グローバル・シップス　こうべ」代表の森下徹さん。

「それまで行き詰まっていたというか、現状を打破できない感じがずっとありました。そんな、このまま行ったらダメだ、というとき、たまたまFSの話を聞いて、ベストな方向に思えたんです」

この日の会場は、ポートアイランド近くにある高層ビルの二六階。簡易な仕切りしかない開放的なスペースで、窓からは神戸の美しい街並みも眺望できる。

ファシリテーター（支援者・促進者）をボランティアで務めたのは、大手メーカーの会社員、成松秀夫さん。会場には、当事者や家族に混じって、FSに参加するために遠方から駆けつけた会社員の姿もあり、みなが「自分ごと」として対話している。これまで見てきた従来のひきこもり支援業界のイベントとは、明らかに場の空気が違って、参加者が生き生き輝いているように見えた。

FSは、主に六つのプログラムで構成される。最初に行われるのは、参加者全員がお互いの状況を確認する「チェックイン」だ。このひきこもりFSでは、ファシリテーターの進行によって、まず森下さんからひきこもり問題についての簡単な説明があり、ファシリテーターからはFSについての紹介があった。

次は、集まった人がお互いを理解すること。そこで、会場にいる相手の名札を見ながら、無言でどんな人が来ているのかを確認し、徐々に会話を交わしていった。

三つ目は、ゲストからインスピレーションを得て、関係性を作り出す。このときは、三人のスピーカーが、いまの社会の生きづらさや体験談などを語り問題提起。ファシリテーターや他の参加者がスピーカーに質問するなどして、この重い社会的課題の問いを共有したり、新たな視点を感じたりする場を作り出した。

続いて、集まった人でダイアログ（対話）を行う。三人のスピーカーを囲んで、相手を替えながら、みんなでダイアログした。

そして、FSで最も大事なのが、アウトプット。今回は、スピーカーから一言ずつ、気づいたことを話してもらった。

最後に、次の問いにつなげる終わり方をして、「チェックアウト」。森下さんからは、次回には新たな問いを提起するという誓いがあった。

「いろんな人たちと知り合えたのが良かった。（ひきこもり）業界内だけでは、会えない人たちです。当事者たちが参加してくれて、もてなしという活躍の場ができたのも良かった。支援者や家族が少なかったんですけど、（彼らは）現状に満足しているのか、自分たちが正しいと思っている部分があるのかもしれませんね」

もちろん、一回のセッションで、課題が解決するわけではない。何度でもセッションを開くことで、弊害となっている縦割りの組織を越えて、多様な人たちと課題を共有していくところから始めなければ、問いに対するアイデアは生まれない。

同年七月一日には、東京でも「ひきこもりフューチャーセッション準備会」が発足した。こちらも、当事者たちが動き出して急遽立ち上げることになったものだ。

準備会に集まったのは、当事者を中心に十数人。簡単な自己紹介の後、やはりボランティアでファシリテーターを務める会社員の神垣宗平さんから説明が行われた。

「FSとは、暖色系の空間だったり、天井から飛行機の模型がぶら下がっていたり、入るとワクワクする場所が多い。では、何をやるか。未来の課題を解決する、社会を変革する装置です。皆、社会を変えたいと思っている。ただ、議論ではなくて対話をします。関係性をつくり、未来のステークホルダーを連れてきて、続けていくことが大事なんです」

これを聞いて、参加者からの発言が続く。

「この場では、傍観者ではなく、参加してほしい。そのほうが対等」

「家族は変化を好まない。争いを好まない。子どもが問題提起していても、変わりたがらない」

参加した当事者からの「それでも親は変化を好まないんです」という話は印象深かった。

親には自分を信じてほしい

二〇一三年九月七日、筆者は静岡県浜松市の精神保健福祉センターが主催する「ひきこもる人たちの思い〜東日本大震災後の取材を通して〜」と題した講演会に招かれた。会には約一二〇人が参加し、会場はほぼ満席となった。

特徴的だったのは、第二部のセッション。前出の神垣さんと一緒に東京で「ひきこもりフューチャーセッション」をお手伝いしてくれている会社員の河内千晴さん、安藤賢二さんの二人が、ボランティアでファシリテーターとして入り、五〇人余りの参加者が八つのテーブルに分かれて対話した。

これまで行政に招かれて参加したひきこもり問題がテーマの講演会では、一方的に講義するスタイルが多かった。しかし、浜松市は今回、FS体験版ともいえる全員参加型の対話の場を取り入れたのだ。

参加したひきこもり当事者からは、「こういう機会を待っていた。次回も参加したい」という声が聞かれるなど、本人たちも応じる動きが生まれている。浜松市のような人口八一万人余りの政令指定都市で、こうした取り組みを始めたことは、他の自治体への波及効果も期待できる。

会の全体を運営進行したのは、五年ほど前から市の同センターとともに地域でひきこもる人たちへの訪問や居場所支援を行っている、NPO法人「E－JAN」（遠州精神保健福祉をすすめる市民の会）の精神科ソーシャルワーカーなどのスタッフ。

第二部のFSの体験版では、「ワールドカフェ」というスタイルを採用した。これは、五〜六人がテーブルを囲んで座り、真面目なテーマに対してコーヒーを飲んでいるようなくつろいだ雰囲気で話し、途中でテーブルメンバーをシャッフルして、多様な人たちの世界を知るというものだ。

それぞれのテーブルには、イラストや印象に残った言葉などを自由に書き留めておくための模造紙が置かれている。名前かニックネームを告げ、一言ずつ自己紹介を行った。全員が一巡したら、引き続いて第一部の話を聞いて、どんな感想を持ったか、一人の話が長くならないように、できる限り均等な時間に区切って話し合った。

すべてのテーブルに、精神保健福祉センターや「E－JAN」のスタッフが入ったためか、いい雰囲気でスムーズに進められている様子だった。

この後、時間の都合上、二つのテーブルからのみ、話のやりとりが紹介された。

まず、最初に発言を求めたのは、当事者の男性だ。

「なぜひきこもるのか、本人にもわからない。いちばん信じてほしいのは、自分の親。自分の状態をどう親に説明したらいいか、わからない。でも、こういう場に来れば、同じような状況の方がいる。きっかけになる。一人だけで抱えていたら、何も動き出さなくて、時間だけが過ぎていく。自然な形で外からの働きかけが必要だという話をしました」

ひきこもる人のいる家庭では、親子関係が相互の不信感から崩れているケースが多い。

長年変わることのなかった親子関係の中で、本人が自ら動き出すきっかけの一つは、合理的に納得できるような理由が見つかることだろう。

　周囲が一方的に何かをしてあげるのではなく、本人たちの言葉から学べることがたくさんある。そんな気づきが得られるのなら、参加してくれた本人の勇気もさることながら、FSのような対話の場はとても貴重だといえる。

自己満足な支援になっていないか？

　別のテーブルでは、「ひきこもりの定義って何だろう？　精神的な病状のある人は、ひきこもりではなくて病気が原因なのではないか」という確認から対話に入ったという報告があった。

　たまたま座ったテーブルによって、話し合われるテーマも関心事もまったく違う。そもそも「これからのひきこもり支援のアイデアを話したい」人もいれば、「これまでのひきこもり支援について振り返りたい」人もいる。「ひきこもり」というくくりは本当に幅が広い。

　この後、ファシリテーターの指示で、各テーブルにホスト役一人とスタッフを残して、メンバーチェンジが行われた。誰がホストに残るかを決めるにあたって、あちこちで笑いが起こる。

まず、ホストが「ここでどんな話があったのか」を説明。もう一つのテーマである「自分たちでできるひきこもり支援はないだろうか」のアイデアを出し合ってもらった。

あるテーブルでは「支援が自己満足になっていないか？　ひきこもりの本人を家族が囲っている。なかなか入っていくのが難しい。おっかなびっくりで、振り返りが必要なのではないか」と、アイデアというよりも現場ならではの悩みが明かされた。

それを聞いて、「どういう支援をしてほしいのか。話のできる当事者たちに聞いてほしい」と指摘された話をファシリテーターが紹介した。

別のテーブルでは「当事者がどうやって情報を発信しているのか。まず、ひきこもる人の存在自体を認めるところからスタートする。行政も広報したり会を催したりしているけど、それだけでなく、もっとつながる方法があるのではないか」などと提言した。

家族会にFSを取り入れてみると

浜松市の講演会に先立ち、二〇一三年七月八日に開催された東京のひきこもり家族会「KHJ西東京萌の会」の例会では、親と子の意見交換会が行われた。きっかけは、もともと家族会の会場とは別々に運営されていた「若者の居場所」にいた当事者たちが、六月の例会のとき、家族会の輪の中に入っていって、議論になったことだという。

ともかく「親と子の思いや気遣いはどうしたら重なるか⁉」というお題を頂いた筆者は、いつもと違うやり方で解決できないかと考えた。そこで、初めてFSの「創造的な対話の空間」を実験的に家族会の中に取り入れることにした。

ファシリテーターは、いつもFSでお世話になっている前出の会社員、神垣さん、河内さん、安藤さんにお願いした。これまで講師の講演を聞いて、その後はグループディスカッションというスタイルだった家族会でも、こうした変化が起きつつあるところが楽しみである。

例会の場所は、廃校になった古い小学校舎の教室。南側の窓は、吉田松陰ら幕末の志士たちが安政の大獄で処刑された歴史的な由来のある公園にも隣接していて、夏の陽射しが差し込み、緑がいっぱいの気持ちのいい空間だ。

同日、参加したのは主に六〇〜七〇歳代の親が約三〇人、ひきこもり当事者や経験者ら若者側が十数人。窓の外の明るさとは裏腹に、教室内を覆う重たい空気が気になっていた。

「みなさんの中に答えがあります。専門家ではなくて、自分たちで何かできるかもしれないという可能性を感じてほしい」

こうファシリテーターの神垣さんが呼びかけた。綿密な打ち合わせの上、FSを行っているのだが、初めはほとんどの親たちの顔が、硬直したまま。これから対話を始めるというのに、どうなっていくのか、さすがにドキドキする。そんな張りつめた空気の中で、ファシリテーターは、対話する際のアドバイスを進めていく。

「他の人が話している時は、相槌をうちながら、よく聞いてください。話の途中で無理やり割り込んで話を切らないでください。逆に、他の人も話ができるように、自分の話はできるだけ簡潔にしてください。そうかもしれない、という話には共感してください。そんなことないよ、という話は、否定しないでください。自分と違う考えに、新しいヒントが隠されているかもしれません」

家庭内の会話でも使える、いわば〝対話のルール〟だ。

そして、模造紙や付箋を使い、話していることを書き出していく。話していることを可視化することによって、どんなことが話されているか確認できたり、他の人の話との関係に気づいたりできるからだ。また、いわゆる〝空中戦〟になって、話がグルグル回ることを防ぐ目的もある。

「今日書いた内容は、ここだけの話です。模造紙などは、萌の会にお渡ししますので、廃棄するなどその扱いはお任せします」

こうして、最初に「今日期待していること」を付箋に書いて、ボードに貼り出していく。

「ご夫婦やご家族の方は、今日は分かれて座ってください」

そんなファシリテーターの指示を聞きながら、付箋を貼り終わった親たちから、三つのグループに分かれていく。一方、ひきこもり者や経験者らは、一つの机に集まった。

ファシリテーターは、親たちをペアワークにして、「今の悩み」や「心配していること」「わかってほしいこと」をそれぞれ三分間話して、一分間フィードバックで交代させていく。

当事者グループの方は、安藤さんのファシリテーションのもと、「この場に期待すること」「なぜ来たのか」について付箋に書き、A3用紙に貼っていった。

筆者も、当事者グループの中でファシリテートしていたのだが、「今日はネットで検索して来た」という男性の話から、「親は医者へ行けと言うけど、病気とひきこもり状態の境目が曖昧だ」「居場所があっても、社会との橋渡し役の存在が大きい」「我々と親や支援者のニーズは一致していない」といった話まで、当初から話が白熱した。

続いて、親たちは、「今悩んでいること」「心配していること」などのネガティブな要素について、ペアワークで出てきた話の紹介から始めていく。次に、「自分がこれまでできたこと」「できそうなこと」「期待したいこと」などのポジティブな要素を模造紙に書き出していった。

当事者グループでも、「自分の悩み」「親や誰かにやってほしいこと」などをホワイトボードに書き出していく。

ここで休憩をはさんだ後、ファシリテーターがそれぞれの対話をまとめ、参加者全員にシェアしていった。

次に、それぞれの話を聞いて、どう感じたかを話し合う。親には当事者の話を聞いてどう感じ取ったかをワールドカフェのスタイルで話し合ってもらった。当事者グループにも親の話についてどう感じたか聞いてみた。

「親たちは将来の不安があるというけど、僕たちのことを信じていない」

「世間のいうレールに戻ってほしいというけど、そのレールは親の年代の価値観」

「刻々と変化している就職戦線の大変さを知らない」

筆者のいた当事者グループでは、相手との溝を指摘する声が続出する。やはり、これは激論になってしまうのではないかと危惧した。

対決ムードが一変

こうして、当日のメインプログラムである、親と子との対話に入るのだが、当事者グループに「親と話してみたいかどうか」をまず確認する。そして、二つのグループに二〇人ずつくらいの親子が混ざり合い、一時間余りにわたって対話がスタートした。

ところが、ふたを開けてみると、親と子がお互いの立場をいたわり合うような話し合いが続いた。対決ムードはなくなり、親は身を乗り出すように話を聞いていた。子どもは、一生懸命、思いを訴えた。そこに溝は感じられなかった。筆者の杞憂だった。

最後に、ファシリテーターから、それぞれの対話の内容が紹介された。

「実の親子ではうまくいかない。こういう場で、第三者が入って対話することが大事。たとえば、本人の了解が取れれば、ここにいる当事者たちがご家庭に訪問して話をするきっかけにもなるかもしれないね。こういう場を広げていくことで、各地でできるかもしれない。自分が親として至らないという話に、当事者が、『ここに来られたのだから一歩踏み出して変わりましたよ』と言ってあげているのを聞いて、涙が出てきました」

どちらがひきこもり当事者だかわからない話だが、ファシリテーターは「親も当事者も、双方が癒されているように感じた」という。

もう一つのグループのファシリテーターは、こう内容をまとめる。

「〝社会の基準を押しつけられている〟という感覚に対し、親のほうから〝自分たちも子育てのプロではないので、悩んできた。社会の常識は一つの拠り所であって、模索していて寄りかかってしまった〟という率直な思いも明かされた。

〝ハードルは上げないで、小さいところから少しずつ（外に）出て行けばいい〟という意見に対しては、本人も〝ずっと言われてきてわかっている。それができたら苦労しない〟〝バイトを始めても、なかなか自分の意思を伝えられない〟〝言われるまま従っていたら苦しくなった〟など、何度チャレンジしてもうまく前へ出られない状況が続いている」

このように、親と子のお互いが、そういう状況を理解できたと報告された。

そこで、一歩でも前へ進めるために、「親に言えないことを受け止めてくれるような場を当事者自身で作りたい。必要なのは、理解してくれる第三者の存在。ひきこもりのコミュニティで体験談を話したら、いろいろな質問を受けて、それに答えていくうちに前へ進んだケースもある」ことも付け加えられた。

この頃になって、場の空気がずいぶんやわらかく変わったように感じられた。

親子が一致した瞬間

最後に、全員で一つの輪になって、一言ずつ感想タイム。

まず、親の立場からはこんな声が聞かれた。

「二〇年来、ひきこもったまま、話したことのない息子に育てた責任は、自分にあるのではないかと長年悩んできました。今日、当事者のみなさんが率直に話をしてくださるのを聞き、悩みをぶつけてみたら、悩んでいるからまだいい（親だ）、もっと頑固な親がいる、と慰めてもらった感じです」

「（当事者が）家族会の会場に出入りすると、何となく視線が冷たく感じるという話が出た。その理由はどこにあるのかなと考えると、親と子どもの立場の違いかなと気づいたんです。じゃあ、どうすればいいかの結論はまだ出ていないですけど、親としては、もう少し気楽に子どもたちと付き合うべきじゃないかなと感じました」

「僕もうるっと来る場面があって、みなさん、幸せになりたいし、幸せにしてあげたいと思っていることは間違いないと確信しました」

「今日はいつもと違って、みなさんも私も参加できて、とっても楽しかったです」

「当事者が体験発表するという形ではなく、皆と一緒に話をする機会は初めてで、すごく良かったと思います」

「当事者の人たちの前向きな気持ちが感じられました」

「内容の濃い時間でした」

「私にとっては貴重な経験となりました」

「当事者たちは、やっぱり（親の気持ちを）わかってるんだというのが収穫でした」

「今後もこういう会を二回、三回と開けば、もっと本音で話ができるかもしれない」

一方の当事者側からも、次々と、こんな思いが語られた。
「家族会はいつも専門家の話を聞く一方でしたが、入力の機会だけでなく、今日のような出力の機会は、真新しくて、何かいい空気が吹き込んでいる感じがします」（男性）
「終わりに近づくにつれて、親御さんの表情が穏やかになっていくのがわかりました。実の親子でなくても、もしかしたら、親世代、子世代で対話ができれば、少し楽になるのではないか」（女性）
「みんな、一人一人だけの人生。自分の息子さん、娘さんの問題も、いちばんの先生は、お医者さんではないし、当事者の僕らでもない。結局は、お子さん自身でしかない」（男性）
「いろいろな会に行ってみたけど、親と話す機会からは逃げていた。こうやって参加すると、それぞれがすごく悩んでると感じた。親の中には、ネットで情報を得られない人もいる。同じ悩み、目標、仲間を持つというピアカウンセリングが、親や当事者も混じってできたことが重要で、すごく良かったなと思っています」（男性）
「私のお世話になった会社の上司が、耳の痛いことを何度も言っていた。今にして思えば、非常によく当たっている。親や自分以上に、よく見ていてくれたんですね。顧問みたいな人を見つけて、自分だけで悩まないようにする。素直に他人の言うことを聞き入れた

りする柔軟さを持つことが大事なのではないか」（男性）

そして、当事者側の男性が「先月、自分の意見を伝えたくて、親の会に入ったら、今日みたいな形になった。和解じゃないけど、親たちの大変さや気持ちもわかったし、当事者の生きづらさを共有できたのではないか。自分の中では革命的な日だったなと思います。こういう場が、一つ一つ増えていくことによって、世の中が少しずつ変わっていくんじゃないか」と感想を述べると、母親からは「そうだ！」という声が上がった。

まさに、親子が一致した瞬間である。

対話の大切さ

たった半日のセッションだったのに、ものすごい効果だった。コミュニケーションが身体感覚に落とし込まれていく。この感覚は、実践してみなければわからない。

ファシリテーターの神垣さんは、こう総括する。

「最初は対決的に始まったのですが、それをかわしながら対話を続けたところ、途中から若者たちが親たちを気遣う発言があったりして、双方リスペクトしあっていることを感じました。たった一時間弱の対話で、あれだけの変化があったのです。対話をすることの大切さと、これからの可能性を強く感じました。こういう会を継続していくことによって、世の中は絶対に変わると確信しました」

こうして、時間は予定より三〇分もオーバー。当事者も話していたように、あんなに表情が硬かった親たちが、笑顔で「またやりましょう!」と声をかけながら帰っていく。当事者たちも、盛り上がったのか、「明治維新に火をつけた地で、革命ののろしが上がった」「今度の金曜日、官邸前のデモにみんなで行こう!」と勢いづく姿が印象的だった。

一五年余り、ひきこもり界隈の取材を続けてきたが、こんな光景は見たことがなかった。

後日、聞いた話では、当事者側から「最初に親と子を別グループにしなくてもよかった」「ファシリテーターが時間配分やアウトプットを気にするあまり、のびのび対話しきれなかった」といった不満も出たという。ただ、お互いが安心して話し合える関係性を構築するために、時間を使って頭と気持ちを解きほぐすアイスブレイクも必要だ。

もちろん、結論はすぐには出ない。しかし、長年、堂々巡りで前に進めなかったことも、皆が対等に話し合える場を持ち続けることによって、少しずつ解決の糸口も見えてくるような気がする。

答えは、きっと、このような対話の場にあるのだと思う。

3　ひきこもり大学の開校

化学反応が次々と

最初は、カタチにこだわっていたものでも、細々と継続していくことによって、参加者たちの思いを投影しながら、自然な居心地のいい中身へと進化していくものなのだろうか。多様な人たちが対等な立場で「ひきこもり」という社会的課題に向き合い、対話を通して新たな未来の仕組みを創り出そうという場である『ひきこもりフューチャーセッション「庵─IORI─」』が二〇一二年七月、都内に結成されて以来、偶数月の第一日曜日に開催されるようになった。

「庵」を設計したのは、自らの身内にも当事者がいるという一般社団法人「コヨーテ」代表理事の川初真吾さん。「庵」の特徴は、参加者の七割から八割が、当事者や経験者で占められていることだ。一般の「ひきこもり」系イベントでは圧倒的に数の多い親御さんは、「庵」では少数派のため、隅っこのほうで遠慮がちに当事者や経験者たちの話し合いに耳を傾ける。

現在は、主に企業からの依頼を受け、対話のデザインを続けている本家本元の「株式会社フューチャーセッションズ」の会社員、芝池玲奈さんが、ボランティアで「庵」の統括ファシリテーターを務めてくれている。

二〇一四年二月二日、目黒区内の会場で行われた九回目となる「庵」には、約七〇人が参加。その中には、「勇気を出して、初めて来てみました」というひきこもり当事者や、いまは働いているものの「気持ちはひきこもる人たちとほとんど変わらない」「ずっと孤立している」といった「当事者性がある」と自覚する人たちの姿も目立った。

今回が二回目の参加だという経験者は、「（昨年の）夏頃、『庵』に来たときは、支援者っぽい人が多くいて、名刺交換会みたいで違和感があったけど、今日来てみたら、当事者率が高くて、参加者の層が変わっていた」と驚いていた。

いったい何が起こっているのか、筆者にもよくわからない。ただ、見ていると、初めて参加したような人たちが、それぞれのテーマの話し合いを通じて仲良くなり、つながっていく。筆者はあまり顔を出せていないが、セッション終了後の懇親会にも、かなりの数の人たちがそのまま流れて参加し、盛り上がったようだ。

その後、ソーシャルネットワーキングサービス（SNS）などにも入って、筆者のもとにもリクエストが寄せられてくる。これまで社会で孤立してきた人たちが、痛みを理解し合える者同士で情報を共有して、誰も予想できない活動を始めるといった〝化学反応〟が、次々に生まれている。

この日も、未来思考で「ひきこもり」について語り合おうと、「家族関係について」「結婚ってどうでしょう?」「お金の話」「ひきこもりカフェ」「フリーコーナー」というテーマごとのグループに分かれて、FSが行われた。

最後に、全体シェアが行われ、それぞれのテーブルにいたボランティアのファシリテーターから、そのテーブルのやりとりの報告があった。

「家族関係について」のテーブルでは、親からどのように逃げるか? という話題が印象に残ったという。親が価値観を一方的に押し付けてきて、なかなかわかってもらえない。外に出たとしても、どこへ行けばいいのか。また、働き方についての悩みもあった。

一方、親の側から「子どものことを愛していることはわかってほしい」と理解を求める声があったことも紹介された。そして「こういう場を持って話し合いをしていくことで、少しでも自分を認めることができるようになるのではないか」と感じたという。

「結婚ってどうでしょう?」のテーブルは、親が亡くなった後、孤立することを防ぎたい、だから困っている者同士、痛みがわかる者同士で「結婚したい」というのが趣旨だという。親との問題や、経済的な問題も出てくるだろう。しかし、紙を一枚、役所に出すだけで、社会的なステイタスや信用が得られ、精神的にも家族ができたという安心感が生まれる。「ひきこもりで〝結婚〟というテーマが出るとは思わなかった」「ひきこもりと結婚は遠いものと考えられているけど、高齢化していく中で、いろんな選択肢があってもいいのではないか」との話も紹介された。

「お金の話」のテーブルは、かつて金融機関に勤めていた当事者の、「もし株やFXで儲けられるとしたら、ひきこもっている私たちにとっては、一つの収入源になるのではないか」という発想から生まれた。

ひきこもるにしても、お金は必要だ。株は五〇〇円くらいから始められる。投資はスタイルや性格を踏まえて合うものを選ぶ。時間があることを前提に、投資を通じて社会、経済を学べることにつながる。無理のない範囲内の投資なら、部屋にいながら世の中とつながることができる。詐欺もあるので、こういう怪しい手口については要注意という紹介もあったという。

「ひきこもりカフェ」はもともと、当事者の発案から始まったアイデアだ。実際に運営している経験者らも参加。それぞれ資料を持ち寄って情報交換し、安心できて、共有できる場とは、どういう場なのかを話し合った。そして、「ひきこもりカフェって、ネーミングがいいよね」「フラリと行ける場所って、いろんな地域に必要だよね」という話になったという。

「フリーコーナー」のテーブルでは、いろいろな人が出入りするため、まとまった話はない。「庵」をきっかけに事業をスタートさせた当事者から、最近、自ら立ち上げた等身大のコミュニティ『苦しみと哀しみに寄り添う会ＳＡＡＬＡ（サーラ）』について、次のような報告があった。

「ひきこもりである、なしにかかわらず、働いているかどうかにかかわらず、いま悲しい思いをしている人、つらい思いをしている人に、ネガティブな気持ちを持っていても、同じ境遇ならわかり合える。そう実感できる場として運営しています」

この日、進行を担当したファシリテーターで、会社員の高柳謙さんは、最後に「いろんな場がいろんな風に動いて、二人きりで話している人もいた」と、印象的だったことを紹介。「勇気が必要かもしれないけど、この人に興味があったから話をしてみたいと思ったら、〝さっきの話、もう少し聞かせてください〟って、声をかけてみてください」と後押しした。

「庵」の運営には他にも、二一の大学でつくる学生団体『社会復帰支援チームOne's Life』が、ボランティアで関わっている。

「ひきこもり2・0」の始動

「庵」からはさまざまなビジネスアイデアも生まれているので、紹介しておきたい。

「ひきこもる本人たちが、自らの感受性や創造性、寛容さなどの特質を活かして、みんなで利益も上げられるように、ソーシャルムーブメントを仕掛けていこう――」

そんな呼びかけに応じて二〇一三年四月七日、都内の会場で開催された「庵」の第四回セッションでは、当事者たちが一般の参加者と対等に話し合う、いくつものグループに分かれたセッションを通じて、「大人のひきこもり白書」の出版、「ひきこもりタレント事務所」や「ひきこもり大学」の設立、「美人すぎるひきこもり」「イケメンすぎるひきこもり」の売り出しなど、事業化のアイデアが次々に飛び出した。

この日の会場は、統合された旧中学校の校舎をリニューアルオープンさせた新宿区内の公共施設。大きな窓から光がいっぱいに差し込んでくる五階の会場は、白を基調に広々としていて、とても気持ちがいい。

参加者からは「『庵』の主宰者は誰なのですか?」という質問や「マルチ商法のようなものではないかと思い、直前まで躊躇した」という声も上がったが、「庵」は、誰かがひきこもり問題の答えを持っているわけではない。たしかに、「庵」のディレクターは前出の川初さんで、その設計の話し合いにはこれまで、筆者やひきこもり当事者たち、ファシリテーターを務めてくれている会社員、対話に関心のある一般の人たちが、プロボノ（社会人が自らの専門知識や技能を生かして参加する社会貢献活動。それに参加する専門家）として関わったり手伝ったりしてきたのは事実だ。

しかし、「主宰者は参加者全員」というのが「庵」のコンセプト。この場の対話から何が生み出されるのか、答えを探してどこに向かうのかは、当日の参加者次第ということになる。そういう意味でも、参加しているだけで何かワクワクしてくるのが、「庵」の魅力だ。

この日の「庵」でも、会社員の神垣さん、河内さん、安藤さんの三人が、これまでと同じようにファシリテーターを務めた。そして、川初さんが発案した「ひきこもり２・０」キャンペーンを展開するうえで、コンセプトや企画アイデアを生み出すための対話が行われた。

川初さんによれば、「ひきこもり２・０」とは、「ひきこもる人たちの繊細さや高い感受性、創造性、寛容さといった特質や優位性の発見と再評価」を行うことによって、外とのつながりを考える。そして、「ひきこもりならではの価値を社会と当事者がともに知覚し、ともに変化して、融和していく」ことを目指すものだという。

そこで「みなさん自身が考える『ひきこもり２・０』って何なんだろう？」をテーマ

に、五〜六人ずつのテーブルに分かれて話し合った。また、無理にグループには入らずに、ただ「話を聞いてもらいたい」とか、「一人で考えてみたい」という人たちに配慮された席も設けられた。

「今日は、ここで結論を出す場ではないので、それぞれみなさんが持ち帰れるものがあればいいと思う。いいアイデアが出れば、コヨーテを事務局に、一緒にやろうよという場です。まずは参加して話してみませんか？」

そんなファシリテーターのアドバイスのもと、まず「世間で言われているひきこもりって、どういうものなのか？」といった現状の考えを出し合うところから対話が始まった。

美人すぎるひきこもりを売り出す

続いて、「ひきこもり2・0」という新しい価値観を深めてどう世の中に知ってもらうか。そんな未来を語り合う場に移行してもらうため、ファシリテーターがこう呼びかけた。

「こういう風に視点を変えたらいいのではないかというアイデアが出ていたのなら、それをどのように実現したり、知ってもらったりするかという話に発展させてほしい」

その一方で、いままでのひきこもりをテーマに話をしたい人の場も引き続き作られた。

最後に、会場から出されたアイデアが、テーブルごとに紹介されていく。

「ひきこもりの人たちという言い方ではなく、タレント性を持った人たちなので、タレント事務所を設立して、営業マネージャーのようにタレントの売り方を考える。こういうことができませんか？　というオファーが来たときに、『うちにこういうタレントがいます』とマッチングさせることをやれば、新たなサービスでお客さんが喜んでくれるという充実感も得られるのではないか」

突き抜けたタレント性を持ったひきこもり当事者とクライアントとの間に、タレント事務所が入ることによって、特性を活かせるのではないかという発想が面白い。

「ひきこもりの存在そのものをポップにしてグランドイメージを変える。そのために、ゆるキャラを作る、ひきこもり専用スナックや専用飲料を作るなど。安倍晋三首相に『ひきこもり栄誉賞』を与えてはどうか？　というのもありました。安倍首相は二度目の総理の座に就くまで、〝栄誉あるひきこもり期間〟を過ごしたという意味です」

これまでのネガティブなイメージを逆手にとったアイデアということらしい。

他にも、こんなアイデアが次々に飛び出した。

「〝美人すぎるひきこもり〟〝イケメンすぎるひきこもり〟をあえて自虐的に売り出す」

「自分たちに合った生き方を自分たちで作りだすという意味で、〝アナザーストリーマー〟〝オルタナティビスト〟を掲げて、ありのままの自分を取り戻す場所を作る中から、クラウドワーキング的なことができるといい」
「ひきこもり体験を生かした研修制度」
「一般の人が気づかない考えややさしさを大切にした〝ひきこもり資産〟をつくる」
「ひきこもりの人の古本屋の営業にサポートを」

また、採算度外視とはいえ、当事者目線で「ひきこもり白書」を作成して、日々の本人たちの思いや声を類型化できないかという筆者の個人的妄想も取り入れられた。

次に紹介する「ひきこもり大学」の設立も、もともと、「庵」の企画会議から生み出された当事者・とらさん(通称)のアイデアで、筆者がネーミングしたものだ。

何か冗談のようにも思えるが、ひきこもりの人たちの裏側から世の中を見通す力は、非常にユニークで、面白い発想が溢れている。これらの視点は、いまの行き詰まった日本の行政の仕組みの中で、十分な強みにもなるし、世の中を変える、あるいは自分が関わるモチベーションになるかもしれないと思った。

ひきこもり大学開設の経緯

そんな「庵」から生まれた当事者たちのアイデアの中で、最も問い合わせや期待感などのメールが数多く寄せられてくるのが、前述の「ひきこもり大学」構想だ。

当初、ひきこもり大学発案者である当事者のとらさんはこんな構想を浮かべていた。発達障害学部のＡＤＨＤ学科とアスペルガー学科、対人恐怖学部、強迫神経症学部、緘黙症学部など。また、能力開発学部は、支援者がひきこもっている人のマイナス部分を矯正して治そうという方向ではなく、ひきこもっている人の持っている才能や価値を周囲が見つけて、伸ばしていこうというものだ。他にも、学者や研究者、取材者と情報を共有する場としての研究学部というのもユニークだ。

とらさんの構想には、それぞれの人の抱える悩みや症状をリスペクトしようという狙いがあった。

二〇一三年八月、当事者たちが中心に集まった都内のひきこもり大学企画会議では、参加者から「生業として成り立たせられるくらい、もっとお金をもらってもいいのではないか？」という提言もあった。

「ちっちゃく始めて、実績をつくっていってもいいと思う」というアドバイスも出された。

とらさんは、こう答えた。

「生業というほど大きなことは考えていない。とにかく先生に対する謝礼が出せればいい。それも、一時間の授業とかではなく、一〇分、二〇分くらいの触りだけでもいいので、自分の知らないことを教えていただいた対価くらいの軽い感じでいいのではないか。

逆に重たくしてしまうと、本人のプレッシャーになると思うので」

一方、ひきこもり歴一五年ほどの当事者からは、こんな意見もあった。

「ひきこもり大学の目的案に〝社会に合わせるのではなく……〟とあるんですが、取り違えてしまうと、僕みたいに社会に溶け込みたいと思っている人間にとっては、よけいにつらくなってしまう。いまの世の中でうまくいかないから、ここに逃げ込めばいいってなってしまうと、意味合いが違ってきてしまうのではないかと思います」

この発言を受けて、「社会に参加したほうがいいという学部も必要ですね」という話になり、「常識はこうだけど、僕は無理」という人のための「常識学部」も付け加えることになった。

別の参加者は、当事者の目線からこんな提案をした。

「ひきこもったり、家から出られなかったり……ということに関するモヤモヤ感、怒り、悲しみが、なぜ理解されないのだろうということが、最初のスタートだと思う。社会全体より、まず初めは家族やカウンセラー、自分と相対する支援者たちと気持ちを共有したい、同じ地平で話し合えるようになりたいという個人的な小さいところから、スタートしてほしいというのが望みです」

ひきこもり支援の場でも、話すのが得意な人と、しゃべれない人が同居している。ある人が延々と持論を展開すると、他の人が一言も話せなくなることがたびたび起きる。当事者にとっては、自己紹介自体がコンプレックスを言わなければいけなくて、つらいという話も出た。

一方、「気が小さいので、相手が何者なのか、基本的な考え方がわかっていないと、怖くてしゃべれなくなる」という感想もあった。

「場の力が、一ヵ所に偏ってしまうような感じにはならないでほしい」

前出の提案者は、そう引き取った。

「貧困とか病気とか障害とか、虐待、いじめ……そういう重たい話のできる分科会が欲しい。しゃべりの得意な人が、ひきこもりの代表です、みたいになっている。生活保護かホームレスか……に直面している人の声も、拾ってほしい」

貧困に直面している当事者からは、そんな要望も出された。

東京に来られない人のために、「ひきこもり大学を地方でも作ってほしい」「キャラバンを出してみては……」というアイデアも出された。

「自分の場合、人数に比例して緊張してしまう」

そんな声にも配慮して、「定員は先生本人が決めればいい」と、自由にパターンを選べるようになるといいかもしれない、という話にもなった。当事者同士の会議は、筆者にすら予想もつかない展開になるから面白い。

参加者の一人が、ひきこもり大学への希望を込めて、こう語った。

「何もないことがとても重要だと思っている。自分には、才能も得意分野もないと思っている人は、ひきこもりに限らず、たくさんいると思う。何もないものをクローズアップしていくだけで形になるものはできる。ひきこもり大学は、何もないことに価値を置く場所であってほしい」

また、ひきこもりの長期化、高齢化した時代に即して、こんな提案もあった。

「五〇歳代の当事者には、博士号を認定したらどうでしょうか？　長いひきこもりの人ほど、しゃべれなくなることが多い。周囲の人は、なぜ？　どうして？　の疑問に答えてくれる情報がなく、参考になる材料を欲しがっています。何十年もひきこもっている人は、人間国宝級の価値があるということです」

当事者にしかわからないような本質をあぶりだす視点には、いつも学ばされる。

これまで「空白の履歴」としてネガティブに捉えられがちだった「ひきこもり」期間の経験や知恵が、逆に長ければ長いほど武器になって、自らの収入にもつながるという逆転の発想が、とても前向きで素晴らしい。それだから、みんなの幸せにもつながり、共感も得られるのだろう。

「空白の履歴」が価値を生み出す

こうして誕生したひきこもり大学の趣旨は、ひきこもっている本人が先生になって、ひきこもっていた経験や知識・知恵を親や家族、関心のある一般の人たちに伝えることによって、周囲の誤解を解き、家族関係を改善していくことにある。

最大の特徴は、基本的に当事者が先生になり、ネガティブと思われていた「空白の履歴」の経験や知識・知恵を価値に変えることにある。そして、それらの価値を学ぶ生徒は基本的に、親や家族、一般の人たちということになる。

ところが、二〇一三年九月から始まった授業のこれまでの開催実績を見ると、生徒の大半は、ひきこもりの当事者や経験者だった。あるいは、仕事はしているけれど、自分も将来、いつひきこもるかわからないと予感している当事者性を持った人たちだ。話を聞くと、自分と同じ状況にあるような当事者の話を聞きたくて参加している。

先生は、授業で話したい、伝えたいテーマに沿って、自分で自由に学科名をネーミングできる。生徒は授業の内容に価値があると思えたら、それぞれの気持ちを寄付金箱に入れてもらう仕組みになった。集まったお金は先生を務める当事者への報酬とし、交通費などにあててもらおうというのが趣旨だ。だから、当事者は十円玉をジャラジャラ出してもいいし、親や一般の参加者であれば、百円硬貨や千円札も出してもらえる。

ひきこもり大学の事務局は、ほとんどが他に本業のあるボランティアのスタッフ。非公開で授業をスタートして以来、試行錯誤を続けながら、毎回、問題点を改善している。二〇一四年五月には、ひきこもり大学のホームページも開設した。

「みんなでつくるひきこもり大学」というコンセプトを胸に、参加者たちにいい時間を過ごしてもらい、少しでも笑顔で帰って頂けるよう、みんなの思いをできる限り大事にしていきたいと考えている。

先生の授業が面白ければ、集まる金額も高くなる。そのことによって当事者が自信をつけられれば、次回も授業をしたくなって、より面白い話を考えて来てくれるようになるし、Win–Winの関係になるかもしれない。

地方でも開催

二〇一四年三月二一日に開催された「ひきこもり大学 in 神戸『ひきこもり経済学』」には、満員の約一二〇人の参加者が詰めかけた。しかも、東京の傾向と同じように、「(申告があっただけでも) 半数以上が当事者」だったという。

会を主催したのは、兵庫県のNPO法人「グローバル・シップス　こうべ」。スタッフとして協力したのも、ほとんどのメンバーがひきこもり経験者や当事者という、関西で活動する自助グループを中心にした人たちだ。

「ひきこもりの当事者ができることを、自分たちでやってみよう。声を出していこう。自分たちの仲間づくりをやっていこう、という中で、ひきこもり大学を関西でもやってみようということになりました。みんなで作り上げていく会だと思っています」

そう呼びかけるのは、会をお手伝いしている前出のNPO法人「わかもの国際支援協会」の横山泰三さん。こうした当事者のスタッフたちは、フェイスブックなどのSNSを通じて意見を出し合い、手作りで会をデザインしていった。

司会進行役の「ひきこもりーノ」(大阪府堺市)の坂本久実子さんが、さすが関西というノリで、某有名人の物真似をしながら登場。重たい空気を和ませた後、ひきこもり当事者のネットバンドによるオープニング演奏が行われた。

そして、この日のテーマは「ひきこもり経済学」ということで、やはり高校を中退し、ひきこもり経験があるという「日本アフィリエイト協議会」幹部の近藤愛さん(株式会社だいすきラボ代表)による「職歴、学歴も関係なく、自宅にいながらできるアフィリエイトという働き方」をみんなで勉強した。

近藤さんは、大学入学資格検定に合格し、大学も卒業したものの、上手く就職できなかったという。しかし、七年ほど前、アメーバブログという無料ブログサービスを使って、ブログを始めたことがきっかけで、アフィリエイトという働き方に出会った。

「アフィリエイトは、ブログを見た人が貼られたリンクからお買いものをすると、報酬が支払われる仕組みであり、誰でも始められる。方法は、自分の媒体を作って仲介業者に登録、申請すればいい。審査に合格すれば、提携したい企業サイトに申請。承認されれば、自分の媒体に広告を掲載します。先日メールで〝何十万円必要と言われた〟という相談を受けましたが、アフィリエイトを始めるのにも勉強するのにも、お金がかかることはありません」

とはいえ、近藤さんのように、すべての人がアフィリエイトで生活できるわけではない。ただ、自分の好きなものをウェブ上でコンテンツにして、世の中に発信していくことは、少数でも誰かに見てもらえる上、何らかのアクションにつながっていったりする。自分の情報が誰かの役に立っているという感覚を持てて、前向きになれる効果があると、近藤さんは話した。

ひきこもり当事者ならではのアイデアとニーズ

また、前後して二度にわたってグループに分かれ、「これからのテーマ・学科について」

の話し合いを行った。

その後、それぞれのグループから会場全体でシェアが行われた。

まず、「どうすれば、当事者のグループをつくれるのか？」「どうすれば、家族と当事者とがやりとりして情報交換できるような仕組みができるか？」という問いをきっかけに「自助グループつくりたい」学部を開設したいという要望が出された。

また「自分と同じような境遇の当事者が、将来どうしていこうとしているのかを知りたい」という思いから「当事者のこれからどうしていくの」学部。実際に、これをやったらよかったよというノウハウを共有することに特化した「やってよかった」学部などが披露された。

目立ったのは、社会で働くのはしんどいものの、お金を稼がなくても農業国日本で自立していきたいという「農学部自給自足」学科に代表される農業に絡んだテーマだ。

ネットオークションの転売で生計を立てているという経験者から「ひきこもり経済学部ネットオークション活用」学科、どのようにすれば在宅ワークを始められるのかのノウハウを語る「ひきこもりワーク開拓」学科、ハローワークに通い続けてきた経験を生かした「ハローワーク活用」学科など、社会につながっていきそうなイメージのアイデアが次々に出された。

一方で、デジタル社会についていけない不安があるとして、「デジタル社会についていけない不安」学科というものもあった。

親子問題の視点からは、当事者が親にしてほしかったことを語る「親の理解が深まる」学科をつくって、「長期戦になっている親向けに、お金をとれるような仕組みにできたらいい」といった話や、幼少期からの「親の心理を研究する」学科という、当事者から親に対する家族問題に言及したテーマも多かった。

支援という視点からは、外に出られない当事者たちと触れ合う「ふれあいボランティア」学部を通じて、当事者が支援者の家を回れるような仕組みづくりの提案もあった。

他にも、昼間は外に出られなくても「夜の犬の散歩に協力してくれる人がいてくれたら助かる」というニーズを当事者支援という形に変える「夜の散歩」学部や、結婚や恋愛、友情などへの思いから、自分の本当のエネルギーの源泉に向き合う「欲望」同好会や、「友人や異性との距離の取り方」学科といったユニークなアイデアもあった。

さすがに一〇〇人を超える人数が集まると、「ひきこもり大学」も一方通行になりがちで、全員が参加できないという課題は残された。ただ、大きなエネルギーのようなものを感じるし、ひきこもり当事者ならではの目線やコミュニケーション方法があるということを改めて認識させてくれる。

一九九六年度から不登校やひきこもり者を支援し、電話相談を続けている「ひょうごユースケアネット推進会議」座長の小林剛・武庫川女子大学名誉教授は、こう挨拶した。

「みなさんの膨大な情報に圧倒されています。ひきこもり者がどう生きていくかという生き方を追求する中から生まれた、この大学の発想は、大変興味深い。ひきこもり者の願いや夢、ニーズから、こうした試みが限りなく広い学部や学科ができて深められていくことで、潜在的な一人一人の能力が生かされる。また、親が高齢化して、お金の問題を抜きには語れなくなった。今日のお話にあったオンラインの収入は、経済的な支えになり、喜びを得ることになる。その喜びは、間違いなく心の健康にもつながっていく。ひきこもり大学のような試みが、どんどん広まって、ひきこもり者に勇気と元気をもたらしてほしい」

また、この日、見学に来ていた兵庫県企画県民部県民文化局青少年課の担当者は、「生で当事者、支援者ならではのアイデアを聞かせていただいて、貴重な経験をさせていただいた」と感想を述べたうえで、県の新たな取り組みについて、こう紹介する。

「最近の傾向として、四〇代、五〇代の方からの電話相談が増えてきています。ひきこもりの方が高年齢化、長期化している。また、相談窓口がわかりにくいという声も聞くので、四月下旬から、ひきこもり相談支援センターを開設することになりました。

ハコモノをつくるのではなく、精神保健、発達障害、就労、生活保護の関係から福祉事務所にも入ってもらって、いろんな部署がネットワークを組めるような形を考えています。また、とりあえず県内五ヵ所に、支援団体や親の会などが運営される地域ブランチを置いて、こういう居場所的な話し合いのスペースを考えているところで、いま公募しているところです」

行政のひきこもり支援のあり方も、長期化・高年齢化、生活困窮化の流れの中で、福祉部門などと連携してすべての年齢に対応できるよう、これから大きく変わろうとしている。

ひきこもる人たちが駆け込める場所

多くのひきこもり当事者たちは「外に出る理由」を探している。

これまでひきこもり状態にあった孤立無業者たちにとって、自分の住む地域には、行きたいと思えるような魅力ある場所がほとんどない。当事者たちと話をしていると、そんな嘆きをよく耳にする。

だったら、自ら「外に出る理由」を作ってしまえばいい——。「庵」や「ひきこもり大学」は、いま、その役割を担える存在にまでなっている。

二〇一三年一二月一日、東京都内で開かれたFS「庵」で、筆者は四〇歳代男性のXさんに出会った。Xさんが住んでいるのは、都心から電車に乗って一時間半以上もかかる、ひなびた街の住宅地。そんな地方の街で父親とともに暮らしている。

二〇一三年八月、筆者のコラムを見て、「庵」に参加した。

「ひきこもり大学って、どんなことをやるんだろう。これから何が行われるんだろう。そんな期待を感じたんです」

Xさんは、偶数月の第一日曜日に「庵」が開かれるときだけ、わざわざ交通費をかけて東京に出てくる。何気なく「開催日以外、ふだんは何をされているんですか？」と聞いてみた。すると、Xさんは、こんなことを教えてくれた。

「自分の住む地域にいると、外に出る理由がないんです」

この日、「庵」に参加していた首都圏に住む別の男性も、これまでずっとひきこもっていたが、筆者のコラムを見て「(会場の最寄駅の)中目黒には昔、家族と一緒に来たことがあったので」、勇気を振り絞って久しぶりに外に出てきたと話していた。

「庵」の会場は都内の公共施設を転々とする。会場を移動しているうち、「そこなら昔、行ったことがあるから」というくらいの些細な理由でさえも、人は外に出ようと思う「きっかけ」になるのだと知った。そんなニーズから、これから「庵」も地方へ出張しようという話が浮上している。

Xさんは、ずっと父親の会社を手伝っていたものの、リーマンショックを契機に、会社の経営が行き詰まり、従業員たちも全員解雇。以来、収入が途絶えた。

いまは働いていたときの貯蓄と保険の解約金で生活。「今年一年くらいは何とか持ちそう」な状況だという。

たまたま私たちのいた「フリーテーマ」のテーブルでは、ある参加者が、東京都の配布しているひきこもり支援関係のパンフレットをズラリと並べた。驚くべきことに、都が行っている「ひきこもりサポートネット」「訪問相談」などの支援対象者は、いまだに「34歳まで」であることがわかる。

すると、同じテーブルにいた四〇歳の男性が、こう言った。

「このパンフレットに載っている二三区のサポステ（厚労省の地域若者サポートステーション）にいくつか電話してみたんです。でも、自分が四〇歳と告げると、〝うちではなくて、東京しごとセンターとかに相談してください〟って冷たく突き放されました」

「困っている状況は同じなのに、三九歳で支援が区切られる根拠って、いったい何なんですかね？」

四〇歳になると、役所も支援団体のＮＰＯも相手にしてくれない。自分たちの存在は、なかったことにされている。

四〇代以上の参加者たちが集まったテーブルはひとしきり、その話題で盛り上がった。

「そういう支援の枠から、自分は年齢で切られて漏れてしまっている。自分が駆け込める場所ってあるのかな？　ないですよね」

Xさんは、現実とマッチングしない支援のあり方に首を傾げる。それだけに、ひきこもり大学には、自分が駆け込める場所として期待を抱いた。

ただ、ひきこもり大学は、まだ動き始めたばかり。ひきこもり大学には、当事者だけでなく様々な人たちが関わっていて、とくに事務局スタッフは、別に本業を持つ人たちがボランティアでサポートを具現化しようとしている段階だ。

「これからどんどん変わっていくと思う。そこに自分も関われたらいいなと思いました」

きっかけがあれば外に出ていける

Xさんは、これから「音楽を通じて自立したい」学科を立ち上げたいという。

二〇年くらい前、地元でバンド活動をしていたことがある。当時の経験が、いま通用するのかどうかはわからない。ただ、音楽への関わり方は、楽器を演奏する以外にもいろいろある。

「音楽に興味のある人なら、何でもいい。自立を目指すといっても、自立ができるかどうか以前に、こういうことがやりたいというプランを語り合える場にしたい」

Xさんは、音楽を通じて、いろいろな可能性や自分たちの未来を語り合うところから始めていければいいという。

「まずは、関わりたいこと、やりたいことを出し合う。その中に、具体的なプランを持っている人がいれば、参加者みんなでアドバイスし合えたらいいのではないか」

そんなXさんにとって大きなネックは、東京に出ていくだけでも交通費や時間がかかることだ。しかし、自分の住む地域には、そういう場がない。自分がやろうとしていることは、これまで理解されることはなかった。

「この県に住んでいること自体が、ひきこもりなんです。東京に住んでいる人たちには、ピンとこないかもしれませんが……。うちの県と東京の間には、歴然とした壁があり、格差があるんです」

実際、Xさんが住んでいて実感したことは、前述したように「きっかけがなければ、外に出ない」ことだという。でも、きっかけがあれば、外に出ていける。外に出た際に、行きたいと思える魅力的な場所が、自分の地域には少なすぎる。

「ここに住んでいると、あらゆることから取り残されたような気分になりますね。自分にとっては、それが外に出るきっかけになるんですよ。あまり留まっていると憂鬱な気分になってくる。一旦、県を出て、環境が変われば気分転換にもなり、少しはリフレッシュできますから」

きっとXさんは、来なければいけないと思って東京に来ているのだと思った。そうすることで健康状態を維持している。そして、自分が自分であることを認めているのだ。

「もう一つ、ひきこもりや無業者などの支援の年齢制限の枠から外れてしまった中高年の人たちに対する支援のあり方を考えたい」

そうXさんは提案する。

「いまの自分にとっては、そういう場所があってもいいかなと思う。そういう漏れた人たちが駆け込める場づくりにも関わっていきたい」

前出の「庵」のテーブルでは、参加者たちの間で「中高年弱者支援センター」を設立しようという話になった。外に出たくてもどこに行けばいいのか。自分はどうしたらいいのかわからない。そんな途方に暮れた人たちに対して、「一緒に頑張っていきましょう」と言い合えるような場づくりを目指す。

「庵」は、参加者がひきこもりかどうかにこだわらない、多様な人たちのフラットな対話の場だ。当事者の発想から始まったひきこもり大学は原則、当事者が先生、周囲の人たちが生徒になって、お互いの知恵や経験を学び合う。当事者たちも、そんなフラットな場であれば、外に出て来ることもできる――行政による今後のひきこもり支援のあり方を考える場合、「庵」やひきこもり大学は、大きなヒントとなるはずだ。

4　外に出るための第一歩——経済問題

支援制度

多くのひきこもる人たちにとって切実なのは、動き出そうと思ったときに、「お金」という障壁が立ちはだかることだ。二〇一二年一一月、大阪で開催した「ひきこもりフューチャーセッション・トライアル」の参加者はこう訴えた。

「ひきこもりをしている人は、何か支援を求めていると思われている。でも、僕たちは本当はエネルギーがあって、仕事をしたい。本来、お金を稼ぐというのは、人の役に立って、人から〝ありがとう〟と感謝されて報酬をもらうもの。ひきこもり大学の構想に、僕たちのような人が役に立てて報酬が得られれば、交通費や食費に充てられる。こういう集まりを続けていこうと思ったら、やはりお金が必要です」

「仕事に就きたい」「何かを創り出したい」「誰かに会おう」と思い立ち、行動に移そうと思っても、交通費がかかる。人と外で会うには、飲食費も必要だ。

とくに交通の便が悪い地方に住む人たちにとっては、その地域の中核にある街に出ていくだけでも、片道一〇〇〇円、二〇〇〇円と、かかることだってある。とにかく、日本の公共交通費は高い。交通費の高さは、ひきこもり生活から抜け出すうえでも、大きな障壁となっている。

そもそも、周囲に頼る家族も友人知人もなく孤立していて、将来の生活が見通せなくなっている人もいる。しかし、実はそれぞれの地域の自治体や社会福祉協議会（社協）で、お金の貸し付けなどの支援事業が行われていることは、一般的にあまり知られていない。はたして、ひきこもり当事者たちが、こうした支援制度を活用することは可能なのだろうか。調べてみると、身近なところでは、各市区町村にそれぞれ独自の小口貸付制度がある。だが、要件は自治体によって違う。

面接は必須

たとえば、筆者が住んでいる東京都目黒区を調べると、「応急福祉資金」という制度があった。これは、早急に必要な資金の調達が困難な区民に貸し付けを行うもので、償還期限内に返済すれば無利子。ただ、貸付額が二〇万円を超える場合は、保証人が必要になる。貸し付け理由が災害、病気、転居などの五つのケースでは、貸付限度額四五万円（入院は九〇万円）。「本人等の就職またはやむを得ない旅行に資金を要するとき」「本人等の一時的離職・休職により、生活費に困窮するとき」「食糧その他日常の生活必需品の購入に資金を要するとき」「家賃の更新料に資金を要するとき」の四ケースでは、貸付限度額が二〇万円となる。

目黒区生活福祉課によると、貸し付けをして翌月から返済が始まる。原則的には、定期的な返済の見込める収入がある人、もしくは仕事が決まっていて、その見込みの収入のある人が対象になる。つまり、あくまで一時的な資金であり、翌月から返済が見込める収入のない人は利用できない。対象は世帯主となり、利用できるかどうかは個別相談によって判断されるという。審査期間は一～二日程度。貸し付け中の利用者は、取材当時、五〇六件と少なかった。おそらく、積極的に告知をしていないからであろう。

また、江東区社協では、「応急小口福祉資金」という制度を設けている。これは、災害、疾病、その他の理由により、早急に資金を必要とし、資金を他から借りることが困難な世帯に対する貸し付けで、対象になるのは区内に引き続き三ヵ月以上居住し、返済が確実に見込まれる世帯となる。他からの借金返済のための資金や、すでに貸し付けを受けていて返済していない場合は利用できない。貸付限度額は、一〇万円（特例で二〇万円）。ただし、三万円以下の貸し付けなら、連帯保証人や民生委員による面談は必要ない。無利子で、生活保護受給者にも貸し付けが認められるという。同資金の二〇一一年度の貸し付け件数は、一八九一件に上っていた。

　世田谷区社協にも「応急貸付金」という制度があり、生計困難な人が緊急に出費を要し、他から貸し付けを受けることができない場合に貸し付けを行っている。こちらは、貸付金額が五万円以内。返済期間は一年以内で、無利子だが都内在住者の保証人が一人必要だ。

　このように、多くの自治体で似たような制度がある一方、こうした制度のない自治体もある。全国社会福祉協議会の民生部の担当者は、こう説明する。

「ひきこもりの人であっても、将来的に自立したいという意欲がしっかりあって、そのために就職活動をしたいとか、就職の見通しがある程度見込める人。あるいは、もともとひきこもりだったが、資格を取得し、就職する可能性が高く、お金を貸してもきちんと償還していただける人であると、都道府県社協のほうで個別の状況を見て判断されれば、交通費程度なら、貸し付ける可能性はあると思う」

　実際、現場では「危機的な状況にある」とか、「社会とのつながりがない」人からの相談が非常に多いらしい。

　これらの制度で、「明日、食べるための生活費がない」「電気が止まってしまった」など、命にもかかわるような理由で貸し付けられることもあるという。貸付額が三〇〇〇円ほどの場合もあるようだが、社会とつながりがあれば、借りられる範囲内の額だ。考え方としては、もし親族などがいれば、生活費として支援してもらえるだろう額ということらしい。社会福祉協議会の貸付制度の利用者が増えているのは、そうした人と人とのつながりが希薄になってきていることの証左ともいえる。

もちろん、ひきこもりの人たちも、一人暮らしをしていて、経済的なやりくりが難しくなった人であれば借りられる。ただし、必ず面接に行かなければいけない。しかも、対象は世帯主に限られる。親と同居している場合は、実家を出て世帯分離が必要だ。本人が自宅から出られなければ、基本的に貸し付けができないわけだから、本人がいちかばちか思い切って出ていくしかない。

「貸し付けの償還率は、残念ながら高くはない。返ってこないなと正直思っても、貸してあげないと本当にお金がなく、ライフラインが止まっていたりする。（これは）民間にはできないことです」

ある自治体の社協の担当者は、そう実情を明かす。このような貸付事業はあまり知られていないが、実は、もっとも社協らしい仕事なのかもしれない。

第二のセーフティネット

一方、離職者を対象にした全国一律の生活費貸し付けの制度もある。「総合支援資金貸付」と呼ばれる制度だ。この制度は、生活保護の受給者が増えている中で、その一歩手前の〝第二のセーフティネット〟とも位置づけられている。

総合支援資金貸付の制度が生まれたのは、二〇〇九年一〇月。リーマンショックがあって、離職を余儀なくされた人が急増し、雇用情勢が大きく悪化。とくに住み込みで働いてきた人たちに、仕事ばかりか住居も失うような状況が続出したことが背景にある。

そこで、総合支援資金貸付は三種類に分けられる。

まず、リーマンショック以降の厳しい雇用情勢の中で、就職活動に専念してもらい、ハローワークに通ってもらうための「生活支援費」。貸付限度額は、単身月額一五万円以内、二人以上世帯が月額二〇万円以内の必要額で、貸付期間は原則六ヵ月以内となる。

また、家を失ってしまうと拠点がなくなり、就職活動もできなくなるという悪循環に陥る。そこで、住宅を確保するときに必要な敷金、礼金等の「住宅入居費」（限度額四〇万円以内）、低家賃住宅への転居、公共料金滞納の支払い費用などの「一時生活再建費」（限度額六〇万円以内）がある。

それまでは「離職者支援資金」という制度があった。しかし、連帯保証人が必須だった。そこで、趣旨を一部取り込む形で、新しい総合支援資金貸付がスタートしたときに、連帯保証人は原則必要としながら、連帯保証人がいなくても貸し付けを受けられるように変わった。これに伴って、実態は利用者の九割以上に連帯保証人が付いていないという。

また、連帯保証人が付いていれば無利子だが、連帯保証人がいない場合の利子も三％から一・五％に下がった。そんなこともあって、制度がスタートしてから、利用者がどんどん増えた。

では、生活再建を目指すひきこもり当事者は、活用できるのか。東京都社会福祉協議会の福祉資金部の担当者に聞くと、こう答えた。

「ひきこもり状態になられている方が、就職活動をしていただけるのかどうか。また、貸付制度なので、返済をしていただかなければならない。これまでは離職の事実を確認するとともに、継続して就職されていた上に生計を維持されていたのかどうかを確認することで、返済していただけるのかどうかを審査してきました。極端な話、一〇年にわたり、ずっとひきこもりされてきて、生活も苦しく、ご家族の支援を受けてきたような方がいらっしゃったとしたら、今後も就職活動は難しいと判断されて、総合支援資金貸付の要件に当てはまらなくなります。大雑把にいえば、交通事故やリストラで離職を余儀なくされていて、就職活動後、就職して返済していただけるという方に貸し付けを進めさせていただいています」

当事者にとっては、何とも厳しい対応だが、結局、貸し付けが認められるかどうかの目安は、再就職できて、返済が見込めるかどうかということになる。

もともと、仕事を辞めた人たちは、失業等給付を六ヵ月ほどもらう。そして、この段階で大抵の人は、次の仕事が決まっていた。ただ、ここで仕事が決まらないと、これまでは最終手段である「生活保護」という道しかなかった。

この〝第二のセーフティネット〟の大きな特徴は、あくまで雇用保険に入っていない会社に勤めていた場合など、雇用施策を使い終わった、あるいは雇用施策を使えない条件にあり、就職活動に専念してもらうことが要件になる。そんな当時の雇用状況から、多くの人が困窮状態に陥った二〇〇九年から一〇年にかけて、貸付件数が急増した。

速報値によると、〇九年度は半年間で約二万六〇〇〇件。一〇年度は約四万一〇〇〇件。一一年度が約一万八〇〇〇件。一二年度が約一万件と、貸付件数はピーク時の四分の一に下がるものの、累計で約九万五〇〇〇件にかかわる人たちが救済されたことになる。

住宅支援給付の要件

この制度とセットで、「住宅支援給付」という家賃を補助する制度もある。対象は、離職者で、就労能力及び就労意欲があり、住宅を喪失、または喪失する恐れのある人で、こちらは返済する必要がない。

いうまでもなく、支出の中でいちばん大きな割合を占めるのが住宅費だ。自宅がなければ、就職活動ができないという問題もある。そのために、住宅を失った人が居住地を得て、そこを根拠に就職活動してもらおうというものだ。

しかし、二〇一三年四月から住宅支援給付事業が改正されて、対象者の要件は厳しくなった。たとえば、「離職後二年以内の者」に限定されたため、ひきこもり状態の人にはますます自立への道が閉ざされつつある。

そのほか、「生活福祉資金貸付制度」の中の「緊急小口資金」や、「福祉費」の「その他日常生活上一時的に必要な経費」で対応できる場合もあるという。

「最終的に、そこの部分で対応できるかどうか、債権者側が判断することになります」(全国社協)

総合支援資金貸付の場合は直接、市区町村の社協が窓口になる。

また、この制度の「福祉資金」は、民生委員の「貸し付けできないか」といった意見書等を通して上がってくるのが通常のパターンのため、民生委員に相談することになる。ただ、市区町村社協に「どういう制度があるのか?」「貸し付けの可能性は」などを事前に問い合わせてもいい。

郊外に住む「失業系ひきこもり」の当事者に、筆者が、ひきこもり大学や経済的問題を抱えた当事者の会合などに「参加しませんか？」とお誘いしたら、こんな返事が来た。

〈都心まで伺う交通費が、どうしても工面できません。現在の私の所持金は、￥５００のみです。あとは、12日後に振り込まれる予定の最後の失業保険のみです。これが、私の現状です。世の中、どんな理由があろうとも、無職に対する風当たりは無尽蔵に冷たいです〉

〈あと数ヶ月、生きていられるか。それすらわかりません。今月で今後の詳細が分かると思いますが、明るい未来はないものと思っています。就職は、もう諦めています〉

社会とつながりを持ちたい、きっかけをつかみたいと思っても、交通費がままならず、身動きが取れない。不透明な予算の使い方や、政務調査費を水増しする議員に使える潤沢な税金があるのなら、こういう弱者にこそ、何とかダイレクトに救済できる仕組みをつくれないものなのだろうか。

社協の融資担当者に相談したところ、次のようなアドバイスがあった。

〈過去2年間に6カ月以上同じ職場に勤務した経験があり、大きな債務がなければ、総合支援資金（貸付）の対象になります。それと家賃のかかるところに住んでいれば、住宅支援（給付）の対象になります。どちらもハローワークで「住宅支援給付・総合支援資金貸付連絡票」という書類を発行してもらい、担当窓口に行く、という流れです。また、いずれも「就職活動をしている」ことが条件になります。現在の所持金で次の失業手当給付まで生活がもたない、というようでしたら、生活保護を申請することになります。ただ、まだ失業手当があることと、年齢を踏まえると、生活保護の申請は、ハードルが高いように思います。自治体によっては、次の収入まで、少額の貸付制度があります〉

「お知らせしていないわけではないが」

自分の住む自治体には仕事がないけれど、隣の自治体の親戚に相談するための交通費として借りたい、などという場合に貸し付けを行っている自治体もあるという。もちろん、返済が前提ではあるものの、個別の状況に応じて、現場の窓口では、かなり柔軟に対応しているようだ。

「食べ物がなければ、乾パンをお渡しししたり、住居がなければ、緊急のシェルターのような形で緊急宿泊施設等を提供したり、都や市区町村の制度の中で行ってきています」（都社協）

地域の人たちから寄付していただいた資金や物資を、相談の上困っている人に一時的に提供する事業をしているような自治体もある。

ただ、財政的に厳しいという事情もあり、こうした支援は縮小傾向にあるという。

問題なのは、本人たちに、こうした情報がきちんと届いていないことだろう。

「お知らせしていないわけではないですが、見つけにくい面はあるかもしれない」

ある自治体の窓口担当者は、そう明かしていた。

ひきこもり傾向のある当事者たちほど、他人や社会に迷惑をかけたくないという思いが強い。だから、バッシングの対象になっている「生活保護」に限らず、こうした融資制度さえも、お世話になってまで生き延びる意味や意義を見出すことができず、自ら命を絶つような悲劇にまで追い詰められてしまう。

自治体は、こうした情報が届くべき人に届くように工夫してほしいし、利用者はこうした制度があるのだから、上手く活用してほしい。

もちろん、お金が借りられれば済む話ではないような問題を抱える人も多い。そういう人たちにとっては、自分を必要なところにつなげてもらうことも大事だ。

まずは居住している最寄りの行政の福祉担当課、福祉事務所、社協の窓口に相談してみて、その対応次第で、今後のことを考えていくといいかもしれない。

押し付けではないメニューを

こうした厳しい現実を受けて、厚労省も最近ようやく重い腰を上げ、全国各地で「ひきこもり」に特化した支援策の拡充に乗り出した。

ひきこもっている当事者の多くは、社会に出たい、自立したいと思っているのに、どうしていいのかわからず、どうすることもできずに、手を差し伸べてほしいと思っている。そんな本人や家族、とくに生活に余裕がない多くの世帯では、公的な制度のもと、本人の気持ちを理解できるサポーターによる家庭訪問や伴走などのアウトリーチを望んでいる。

このように助けを求めている人たちに待ち望まれているのが、厚労省の「ひきこもりサポーター派遣事業」だ。この派遣事業は、ひきこもる本人や家族などが支援を希望した場合、「ひきこもりサポーター」を選んで、家庭に派遣し、情報提供などの支援を継続的に行おうという制度。実際に実施する主体は、特別区を含む市町村で、国と市町村が二分の一ずつ補助金を出す。また、家族会や社会福祉法人、NPOなどに事業委託をすることもできる。

最近、厚労省が全国の市町村に「ひきこもりサポーター派遣事業」実施予定の意向調査を行ったところ、二〇一四年八月現在、一六七自治体が二〇一五年度以降に実施したいという意向を示していることがわかった。

同派遣事業については、制度が始まった一三年度から一四年度までに実施しているのが、わずかに五自治体にとどまっていた。

この意向どおりに、各自治体が予算措置をとるのかどうかについては、今後の動向を見極めなければならないものの、「ひきこもりサポーター派遣事業」は、全国の自治体で一気に広がりを見せそうな気配だ。

このアウトリーチを担う主力部隊は、「ひきこもりサポーター」。厚労省は、ひきこもり状態の本人や家族などへのボランティア支援に興味・関心のある人を対象に、ひきこもり問題についての基本的な知識や支援方法などを習得させる「ひきこもりサポーター（経験者や家族などのピアサポーターを含む）養成研修」についても、一三年度からスタートさせた。

実施する主体は、都道府県と指定都市。「ひきこもりサポーター派遣事業」と同じように、国と市町村が二分の一ずつ費用を出し、家族会や社会福祉法人、ＮＰＯなどに事業委託することができる。

同事業についても、実施しているのは二〇一四年度までに一六自治体しかなかった。しかし、厚労省の意向調査によれば、二〇一五年度以降には三五自治体でサポーター養成研修を行う意向があるという。

また、こうした家庭訪問などの元になる相談を受け、支援を組み立てるのが、厚労省のもう一つの事業である「ひきこもり地域支援センター」だ。

「ひきこもり」に特化した第一次相談窓口としての機能をもたせ、地域の中で最初にどこに相談したらいいのかを明確にすることを目的にした厚労省の「ひきこもり地域支援センター」については、〇九年度から順次、都道府県と指定都市に整備されてきた。

同センターの一三年度末現在の実施状況をみると、一四年度末までに五二自治体五六ヵ所に整備される見込みで、対象自治体の八割近くをカバー。二〇一五年度以降、さらに五自治体が同センター開設の意向を示している。

「未定」となっているのは、わずかに一〇自治体。ただ、その中には、二〇一五年度中に設置の方針を決めた自治体もある。また、すでに単独で地域支援センターと同様の事業を行っている自治体があり、厚労省の推し進める事業とどう整合させるかが課題だ。

「地域の実情によって、既存の精神保健福祉センターなどの資源で対応できているということも考えられます。財政事情の問題もあるのかもしれない」（厚労省担当者）

ひきこもり地域支援センターは、当事者組織である家族会が、精神保健福祉センターや保健所、福祉事務所、医療機関などの各関係機関とネットワークを構築しているところが最大の特徴であり、その下に「ひきこもり支援コーディネーター」を置くことになっている。

このネットワークの中に、家族会だけではなく、アウトリーチの対象となるひきこもり当事者の思いや意見をいかに組み込んでいくことができるかが重要だ。

当事者会のような自助グループは実際、ほとんど見当たらないものの、ひきこもり経験を経て活動を始めたり、情報発信し始めたりしている当事者もいる。そうした彼らへのアプローチやヒヤリングは、支援者とミスマッチを起こさないようにするためにも、欠かすことはできないだろう。

また、これらの厚労省の事業については、年齢の上限はない。ところが、自治体の中には、現段階で支援対象年齢を三九歳以下に限定するなど、いまだに現実に即して対応できていないところがある。たとえば、東京都は「ひきこもり支援」と謳いながら「三四歳以下」という根拠のない年齢の上限を設定していて、当事者や家族から「アンフェアな公的支援」として強い批判を浴びている。

NPO法人「全国ひきこもりKHJ家族会連合会」の池田佳世代表は、自治体がただ手を挙げるだけではなく、訪問先の家族を家族会につなぐことが大事だと指摘する。

「一度、家庭訪問すれば、すぐに解決する話ではない。何度もアウトリーチする必要があって、長い時間がかかる。その間、訪問を受ける家族には、本人が自ら動き出すことができる場にするため、勉強してもらうことが必要で、家族会に入って頂くと、ずっとつながることができる。同じような状況の家族同士で悩みを共有できると、家族が楽になって、本人も楽になれるかなと思っています」

当事者が外に出てきたときの受け皿として、同じような状況を経験してきた当事者同士のつながりも必要になってくる。そうした〝ピア性〟は大きなキーワードだ。

これから「ひきこもり」という問題に向き合っていくためには、家族の目線を共有していく必要がある。そして、何よりも、当の本人たちの思いや気持ちを知ることなしに、本人にとっての解決などあり得ない。

本人や家族が何を望み、どのように手を差し伸べてほしいと思っているのか。一方的に上から押し付けるのではなく、これからは同じ目線で向き合い、当事者と一緒に課題解決のためのメニューを考えていかなければいけない。

おわりに

筆者は、二〇一四年五月、島根県松江市に行って当事者家族交流会を呼びかけた。

きっかけは、仕事を失い、料金を払えず、水道とガスを止められた五〇歳代の当事者とのメールのやりとりだった。たまたま岡山県津山市で講演に呼ばれていたので、「人とのつながりがない」「このまま一人、死ぬことになるのではないか」と訴える当事者に会いに行こうと足を延ばしたのだ。

交流会の呼びかけは、「様々な状況の人と交流したい」という一人の当事者の思いから始まった。英語が得意なこの当事者は、翻訳の仕事を望んでいたが、誰ともつながりがなかった。地元紙の山陰中央新報に交流会を呼びかける記事を出してもらったところ、当日、四〇人ほどの家族や当事者が、遠方からも集まってきて驚いた。

小人数を見込んでいたため、用意された会場は狭かったが、話を聞いてほしいというひきこもり家族のエネルギーが一気に噴き出した。誰にも話すことができずにいた思いを聞いてほしい。そんな家族たちの話は、とめどなく続いた。

「また松江に来てほしい」と懇願された。さすがに「自費で続けて来るのは無理です」とお断りしたが、継続することに意義がある。「自分たちでぜひ会を続けてみてはいかがでしょうか」と提案し、島根家族会が結成された。会のホームページもできた。

会場には、島根県のひきこもり対策の担当者や県議会議員も来ていた。その後、県が厚労省の「ひきこもり地域支援センター」と「ひきこもりサポーター」制度を二〇一五年度までに創設することを決め、県内のすべての自治体に相談窓口が設置されることになったと、各紙で報じられた。

松江での呼びかけで学んだことがある。会場には、当事者たちも数人来ていたことがわかった。しかし、親たちの話のパワーに圧倒されて、まったく声を上げられなかったらしい。そのことは、後で当事者たちから頂いたメールで知った。中には、隣の県から鈍行列車を乗り継ぎ、安くない交通費をかけて来てくれた当事者もいた。

筆者が講演に行ったり、呼びかけたりするイベントでは、実はふだんから当事者率が高い。わざわざ遠くから会いに来てくれることもある。急遽、もう一つ会場を取るとか、同じ狭い会場の中であったとしても、家族と当事者を分けるべきだったかと反省。今後の教訓にしなければいけないと思った。

ひきこもり当事者の中には、筆者のコラムの記事に反応し、行動を始めた人たちがいる。とくに、ひきこもりフューチャーセッションから生まれた事業アイデアに対して、たくさんの新たなアイデアや提案や感想をメールで頂く。みんな、前向きに社会への参加につながる話をしたがっているのだ。

たとえば、興味深いと思ったのは、ある四〇代の当事者男性が「こういう仕組みなら自分も参加できる」と言って出してくれた「デリバリーひきこもりサービス」。言い換えるとすれば、「派遣型対話（対面）事業」だ。

まず、デリバリーに参加を希望するひきこもり当事者に登録してもらい、リストアップしてプロフィールを並べる。利用者は、基本的になかなか家から出ることのできないひきこもり当事者や家族。利用者はリストの中から、来てもらいたい当事者を指名する。

発案した当事者によれば、利用者の範囲は、孤独で寂しい思いをしている高齢者にも広げられる。利用者側にとっても「ひきこもりの人のリハビリ代わりのために呼ぶ」という大義名分が立てば、「自分が寂しいから呼ぶのではない」という言い訳にもなる。当事者の収入につながるだけでなく、お年寄りたちにも若者の役に立っていると喜ばれ、一石二鳥ではないかというわけだ。

さらに、医師や保健師などの専門家からの依頼も引き受けて、指名を受けた当事者がアシスタントとしてついていくなどへの応用も利く。

もちろん課題もある。トラブル防止のため、同性同士に限定する。対話が難しい場合は、対面サービスということにして、何も話さなくてもＯＫにするなど、柔軟に対応していく必要があることも付け加えた。

こういう発想は、当事者ならではの目線のものだ。

ある当事者女性は音楽が好きで、「ひきこもりの歌」をつくって、筆者に聞かせてくれた。どこかもの悲しさが流れているのに、とてもポップで覚えやすい旋律と歌詞。パソコンで、現実逃避しながらつくった歌だという。彼女の夢は、エアーバンドをつくり、みんなで楽しく歌って踊ることだ。顔は出したくないから、馬の面を被ったり、奇天烈な仮装をしたりして、ユーチューブなどのネットにアップ。まず注目を集める。

外に出て来られない人は、ネットで四画面に分割して出演してもいい。希望があれば、ひきこもっている自宅まで、出前バンドもできる。テーマソングやゆるキャラをみんなでつくる。そうした活動で、何とか収入につなげられないだろうかという。

冗談みたいな話だが、当事者たちはみんな本気だ。何とか彼らの夢が具現化できるよう尽力していきたい。

先日の「俺」セッションで、ある当事者が、「社会から慈悲の心が消えた」と話していたことが印象に残った。

周囲は、当事者たちの気持ちにどこまで寄り添えていたのだろうか。ただ、周囲が自らの経験に裏打ちされた期待や価値観を一方的に押し付けていただけではないのか。

ひきこもり問題をつくりだしている要因は、組織（企業）や社会構造の側にある。つまり、自分たちがひきこもり当事者たちをつくり出していることを、組織の中にいる多くの人たちは、気づいていない。

当事者たちの体験や視点を引き出して、世の中の仕組みづくりに生かしていくためには、どうすればよいのか。個人がムリして社会に合わせるのではなく、社会のほうから当事者たちに歩み寄り、多様な生き方、柔軟な働き方に合わせなければいけない時代がやって来たのだと思う。

周囲は、〝上から目線〟をやめて当事者たちと対等な役割や機会を創出し、彼らの潜在能力が生かされる未来の仕組みを一緒に考えていくことが大事だ。

当事者たちはいう。

「外に出ろ」と言われても、いったい、この社会のどこへ行けばいいのか。

目の前に映るメニューの形は立派そうだけど、中身は「空洞」。しかも、将来につながる道筋がない。

魅力あるコンテンツとは人や社会に役立つことであり、社会につながるメニューとは将来への道筋が示されていることだ。そして、何よりもそこが、ピア性の担保された安心できる場であることが重要であり、仲間や家族の支えがあることは、大きな意味を持つ。

答えのない問題が山積する時代。その答えをみんなが求めている。しかし、専門家任せ、他人任せでは、なかなか解決できなかった。支援の仕組みも、ミスマッチが起きている。

なぜなら、その答えを持っているのは、当事者たちであるからだ。周囲の人たちは、当事者たちの「声なき声」に、そっと耳を傾けるしかない。


本書を執筆するにあたり、ベースとなった「ダイヤモンド・オンライン」の長期連載「「引きこもり」するオトナたち」で、いつもやりとりさせて頂いているダイヤモンド社の林恭子さんには、大きな視点で心温かく支え続けてくださることに感謝しております。

また、講談社現代新書出版部の丸山勝也さんには、このような声をかけてくださり、プロットの組み立てから原稿の完成まで、助言や指導を頂きまして、とてもお世話になりました。

ありとあらゆる社会の設計に歪みが生じている。筆者のもとには、非正規の公務員や教員からも窮状を訴えるメールが届き、弱者は〝ひきこもり〟だけにとどまらない。

これから必要なのは、〝支援〟ではない。それは時代状況に合わなくなって空洞化してしまったこの国の設計を、すべての傷ついた当事者たちに声をかけながら、みんなで一緒に作り直していく作業なのではないか。本書が、多くの気づきを与えてくれた当事者たちの思いを乗せて、新たな時代の再構築への契機につながればと思っている。

◉ 筆者連絡先 otonahiki@gmail.com
◉ ひきこもり大学事務局 申し込み・お問い合わせ hikikomoridaigaku@gmail.com

講談社現代新書　2286

大人《おとな》のひきこもり　本当《ほんとう》は「外《そと》に出《で》る理由《りゆう》」を探《さが》している人《ひと》たち

二〇一四年一〇月二〇日第一刷発行　二〇一九年七月一八日第四刷発行

著者　池上《いけがみ》正樹《まさき》

発行者　渡瀬昌彦

発行所　株式会社講談社

東京都文京区音羽二丁目一二―二一　郵便番号一一二―八〇〇一

電話　〇三―五三九五―三五二一　編集（現代新書）

〇三―五三九五―四四一五　販売

〇三―五三九五―三六一五　業務

装幀者　中島英樹

印刷所　大日本印刷株式会社

製本所　株式会社国宝社

定価はカバーに表示してあります　Printed in Japan

N.D.C. 360　261p　18cm

ISBN978-4-06-288286-6

「講談社現代新書」の刊行にあたって

教養は万人が身をもって養い創造すべきものであって、一部の専門家の占有物として、ただ一方的に人々の手もとに配布され伝達されうるものではありません。

しかし、不幸にしてわが国の現状では、教養の重要な養いとなるべき書物は、ほとんど講壇からの天下りや単なる解説に終始し、知識技術を真剣に希求する青少年・学生・一般民衆の根本的な疑問や興味は、けっして十分に答えられ、解きほぐされ、手引きされることがありません。万人の内奥から発した真正の教養への芽ばえが、こうして放置され、むなしく滅びさる運命にゆだねられているのです。

このことは、中・高校だけで教育をおわる人々の成長をはばんでいるだけでなく、大学に進んだり、インテリと目されたりする人々の精神力の健康さえもむしばみ、わが国の文化の実質をまことに脆弱なものにしています。単なる博識以上の根強い思索力・判断力、および確かな技術にささえられた教養を必要とする日本の将来にとって、これは真剣に憂慮されなければならない事態であるといわなければなりません。

わたしたちの「講談社現代新書」は、この事態の克服を意図して計画されたものです。これによってわたしたちは、講壇からの天下りでもなく、単なる解説書でもない、もっぱら万人の魂に生ずる初発的かつ根本的な問題をとらえ、掘り起こし、手引きし、しかも最新の知識への展望を万人に確立させる書物を、新しく世の中に送り出したいと念願しています。

わたしたちは、創業以来民衆を対象とする啓蒙の仕事に専心してきた講談社にとって、これこそもっともふさわしい課題であり、伝統ある出版社としての義務でもあると考えているのです。

一九六四年四月　野間省一